훌륭한 교사를 위한 교육봉사

손충기 · 박정환 · 문창배 · 오창홍 공저

EDUCATIONAL SERVICE

학지사

교육봉사를 의무로 어쩔 수 없이 한다는 소리를 듣곤 한다.
봉사활동은 나를 위한 행동이라고 한다.
이 책을 통하여 교육봉사활동의 참뜻을 알고,
교육봉사활동이 함께하는 활동이라는 안내를 하고자 한다.

머리말

이 책은 예비교사나 교육봉사자가 쉽고 편리하게 교육봉사활동을 실시할 수 있도록 도움을 주고자 만들게 되었다. 이를 위하여 교육봉사활동의 개념적 이해와 함께 실제적으로 적용하는 방법을 포함하며 개념과 적용, 즉 지침서와 워크북을 조합한 형태로 구성하여 교육봉사활동에 대한 이해를 돕고 있다.

사실 교육봉사활동을 교원자격증을 취득하기 위하여 어쩔 수 없이 행하는 의무로 생각하고 있는 학생들도 있다. 그리고 대학교에서도 사회봉사활동과 명확한 구분을 짓지 못한 채 활동 실적을 받고 이를 인정하는 형태로 교육봉사활동의 취지에 맞지 않게 운영되고 있기도 하다. 결국 교육봉사활동의 본질적인 목적과는 다소 거리가 있는 형태로 행정적인 학점 취득만을 하고 있다고 볼 수 있다.

교육봉사활동은 봉사자와 봉사대상자 간의 상호작용을 통하여 서로 간의 유의미한 느낌과 재미, 감동이 나타나는 활동이라 할 수 있다. 즉, 봉사자에게 유익한 도움을 주는 것이며, 자신을 발견하는 활동인 것이다. 이러한 교육봉사활동을 내실 있게 운영하는 것은 봉사자와 봉사대상자, 학교, 지역사회는 물론 우리나라의 원동력이 되는 깊은 의미를 담고 있다.

교육봉사의 본질적인 목적을 달성하기 위하여 이 책에서는 교육봉사와 자기계발, 포트폴리오 작성의 전략을 구성하고 있다. 즉, 자신을 알고 나의 장단점과 비전을 깨달아 어떠한 삶을 살 것인가에 대한 구체적인 설계와 이를 교육봉사활동과 연계하여 마음에서 우러나오는 진정한 활동을 실시함으로써 자기발전을 이룰 수 있게 된다. 활동한 내용은 포트폴리오로 제작되며, 여기에서는 활동목적과 이 활동을 해야만 하는 사명감과 결단, 활동 내용과 이를 통해 깨달은 점, 전문가의 코칭 등이 하나의 포트폴리오로 생성된다.

이 책은 크게 세 부분으로 구성되어 있다. 첫째는 교육봉사의 이해로써 교육봉사에 대한 인식에 초점을 두어 작성하였다. 여기에서는 봉사가 주는 의미, 봉사의 특성 등이 소개된다. 둘째는 교육봉사활동 내용을 소개하는 부분이다. 학교현장에서 교육봉사활동의 구체적인 영역과 내용을 안내함으로써 교육봉사활동을 계획하는 데 도움을 주고자 함이다. 셋째는 교육봉사활동의 운영 및 평가로써 교육봉사 준비 · 시작 · 실행 · 마무리 단계에 이르는 구체적인 과정과 내용, 활동을 담고 있다. 그리고 교육봉사활동에 대한 포트폴리오 평가 방법을 소개하고 있다.

이 책의 특징이라면, 교육봉사활동을 이해하고 실제적으로 적용하는 지침서와 워크북을 하나로 구성하여 교육봉사활동에 대한 이해를 돕고 있다는 점이다. 둘째는 포트폴리오의 개념을 적용하여 봉사자가 큰 틀에서 활동목적과 동기, 활동 내용과 느낀 점, 전문가 코칭, 자기성찰을 실시하며 결과물을 스스로 만들어 간다는 점이다. 이러한 과정을 지속적으로 수행하면서 봉사자는 자신의 변화과정을 볼 수 있게 된다.

교육봉사활동은 실습의 과목이다. 실습을 통하여 진정으로 깨달은 바가 있었으면 좋겠다. 깨우침을 얻는다는 것은 결국 내가 원하는 바를 성취할 수 있는 보석을 지녔다고 볼 수 있다.

사람을 변화시키는 것이 멀고 어려운 과정이라 할 수 있지만, 작은 변화 속에서 큰 변화가 일어난다고 볼 수 있다. 이러한 관점에서 교육봉사활동을 통하여 매우 어렵고 전문적인 일을 수행했다는 자부심과 함께 도움의 손길이 필요한 사람들이 성장하는 모습을 보며 행복과 보람을 느낄 수 있을 것이라 생각된다.

2012년 3월

저자 일동

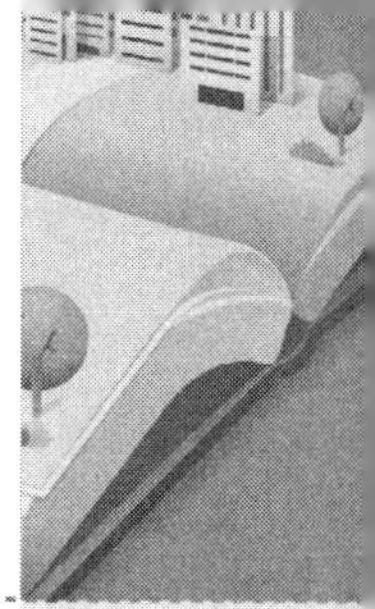

차 례

부 록

성공하고 싶다면 봉사하라.
그것이야말로 우리 인생에 있어 불변의 법칙이다.
위대한 봉사자, 베푸는 자가 되어라.
그것이 바로 당신을 성공으로 이끄는 왕도다.

– 헨리 밀러 –

사도헌장

오늘의 교육은 개인의 성장과 사회의 발전과 내일의 국운을 좌우한다. 우리는 국민교육의 수임자(受任者)로서 존경받는 스승이요, 신뢰받는 선도자임을 자각한다. 이에 긍지와 사명을 새로이 명심하고 스승의 길을 밝힌다.

- 우리는 제자를 사랑하고 개성을 존중하며 한마음 한뜻으로 명랑한 학풍을 조성한다.
- 우리는 폭넓은 교양과 부단한 연찬으로 교직의 전문성을 높여 국민의 사표가 된다.
- 우리는 원대하고 치밀한 교육계획의 수립과 성실한 실천으로 맡은 바 책임을 완수한다.
- 우리는 서로 협동하여 교육의 자주 혁신과 교육자의 지위 향상에 적극 노력한다.
- 우리는 가정교육, 사회교육과의 유대를 강화하여 복지국가 건설에 공헌한다.

제1부 교육봉사의 이해에서는 교육봉사의 개념과 목표, 의의를 살펴보고, 이를 통하여 교육봉사의 특성을 살펴본다. 그리고 교육봉사와 자기계발을 관련지어 살펴본다.

제 1 부
교육봉사의 이해

제1장
교육봉사의 이해

> 초반에는 내성적인 성격 탓에 수동적으로 교사가 시키는 일만 하고, 시키지 않으면 무엇을 해야 할지 몰라 어색하게 서 있기만 했었다. 봉사가 끝나고 집으로 돌아가는 길에 생각해 보니 이렇게 봉사활동을 하다가는 60시간의 봉사활동을 채운다 하여도 시간만 낭비할 뿐 전혀 느끼는 것이 없겠다 싶었다. 다음에 봉사를 가게 되면 조금 힘들더라도 내가 먼저 아이들에게 다가가 말을 걸고, 많은 대화를 나누며 진정으로 아이들이 원하는 것이 무엇인지를 알고 봉사활동을 하리라 마음먹었다.
>
> 두 번째로 봉사활동을 갔을 때부터는 그러한 다짐을 잘 실행하지 않았나 싶다. 평소 같으면 절대 그럴 일이 없었겠지만, 내가 맡은 학생에게 먼저 말을 걸고, 함께 이야기를 나누면서 서로를 이해하게 되었고, 나는 왠지 모를 기쁨을 느꼈다. 그 뒤로도 아이들의 특성 하나하나를 파악하고, 말을 하지 않아도 무엇이 필요한지를 느낄 수 있게 되면서 기쁨은 더해 갔다. 정서적으로 보람을 느낀 것뿐만 아니라, 처음에는 크게 도움이 되지 않을 것이라 생각했던 것과는 달리 지식적으로도 유능한 교사가 지니고 있어야 할 능력도 배울 수 있었다.

이는 교육봉사활동을 실시했던 학생의 소감문 중 일부다. 사실 봉사활동이라고는 하지만 많은 사람이 의무라 여기며 타율적인 모습으로 참여하고 있다. 이렇게 되면 의미도 발전도 없는 공허한 결과를 낳게 된다. 그러나 마음만 달리 먹으면 교육봉사활동이야말로 참으로 의미 있고 재미있는, 자신을 발전시키는 활동임을 느낄 수 있게 된다.

이러한 관점에서 교육봉사활동의 개념을 살펴보며 본질적인 인식을 할 필요가 있다. 교육봉사활동은 정형화된 형식의 활동을 넘어서 봉사라는 형태의 현장 교육실습이라 할 수 있다. 즉, 실습을 통하여 본질을 깨우치는 것이다. 이와 같은 교육봉사활동의 참뜻을 알고 현장에서 운영할 수 있도록 하고자 내용과 방법을 제시한다.

1 교육봉사란

인간은 사람과의 관계 속에서 영향을 받으며 생활하는 사회적 동물로, 주위 사람들과의 일상적인 상호작용과 대화를 통하여 자연스럽게 교육활동을 진행한다. 그리고 이러한 과정을 거치면서 자신의 경험과 지식을 재구성하며 사회성을 습득해 나간다. 이렇게 습득된 경험은 훗날 삶을 살아가는 데 도움을 주는 밑바탕이 되기도 한다.

인간은 사회를 형성하여 그 속에서 서로 돕고, 어려움도 함께 극복하면서 인종이나 계급·성별·학력·직업·신체 조건에 관계없이 '인간'이란 존재를 귀하게 여기고 서로를 사랑하면서 살아가고 있다. 그래서 우리는 누군가가 어려움에 처하게 되면 저절로 도와주고 싶은 마음이 생겨나는데, 이것이 자원봉사의 출발이라 할 수 있다.

교육봉사는 자원봉사의 개념을 포함하고 있는데, 이와 관련하여 먼저 자원봉사자의 개념을 살펴볼 필요가 있다. 자원봉사자는 보통 직업 또는 자신의 일을 가지고 있으면서 지역사회의 복지증진을 위해 노력하는 비영리단체 또는 개인에게 자신의 기능과 시간을 자발적, 무보수로 제공하는 사람들이다(권중돈, 조학래, 김기수, 2008). 그리고 사회에서 발생하는 모순이나 문제에 대한 해결방안을 모색하거나, 사회의 발전을 위하여 계획적인 변화나 혁신을 자발적으로 이루고자 노력하는 사람들이라 할 수 있다. 따라서 가치적 측면에서는 사람과 사회를 변화시켜 궁극적 가치인 행복을 실현하는 사람인 동시에 기능적 측면에서는 서비스 수요자의 욕구에 대응하는 서비스 제공자다(이성록, 1996).

일반적인 봉사의 개념을 정리해 보면 내가 도움을 필요로 하는 대상, 즉 타인에게 무조건적인 도움을 주는 것이라 할 수 있다. 그런데 이러한 정의는 중요한 점을 간과하고 있다. 일방적으로 도움만 주는 것이 봉사활동이라면, 주는 사람의 입장만 고려되는 것이라 볼 수 있고 소수의 사람만 할 수 있는 활동이라 여겨질 수 있으며, 사실 이러한 관점이 봉사활동을 더욱 어렵게 다가오게 하는 것이다.

하지만 진실된 봉사활동을 실시한다면, 봉사활동은 상대방과 상호작용하는 교류적 행위이며, 여기에서 주는 즐거움뿐만 아니라 받는 기쁨도 함께 있음을 느낄 수 있을 것이다. 예를 들어, 체육을 전공하는 학생이 체육으로 교육봉사활동을 하는 경우, 대상 학생(멘티)의 체육 실력이 점차 향상되는 모습을 보면서 보람됨을 인지할 수 있고, 멘티는 봉사자에게 마음속 깊이 감사함을 느끼게 되면서 서로 간의 즐거움과 기쁨, 나눔, 희망, 자아실현 등을 맛보게 된다.

따라서 교육봉사의 본질적인 목적을 달성하기 위해서는 [그림 1-1]에서 일반적인 봉사의 개념이 아닌 진실된 봉사의 개념을 염두에 두며 실시하는 구조를 모색해야 한다. 자신에게 질문을 하고 이에 대한 떳떳한 답을 할 수 있도록 교육봉사활동을 구조화할 필요가 있다.

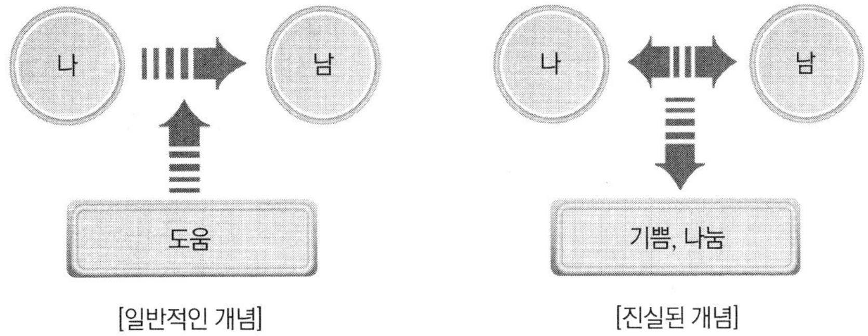

[그림 1-1] 봉사의 개념

교육봉사는 앞에서 제시한 봉사의 개념에 교육의 정의를 융합하여 학습자가 봉사활동을 통하여 변화되고, 자기 자신의 발견뿐만 아니라 자신의 비전을 인식하여 삶을 주도적으로 살 수 있도록 인지하는 통섭적 실습 프로그램이라 할 수 있다. 자신의 일반적인 특성과 소질, 장점을 교육봉사활동에 접목시키면서 진정한 교육봉사활동을 실시하고 나아가 자신을 발견하는 과목이 교육봉사인 것이다. 결과적으로 교육봉사는 일방적인 활동이라기보다 상호교류적인 관계이며, 교육봉사자와 봉사를 받는 사람 간에 가르침을 주는 동시에 배우는 과정이다(Berry, 1988).

2 교육봉사의 목표

교육봉사활동을 하면서 계획에 의해 실천하고 평가하는 과정을 거침으로써 가치 있는 삶에 대한 방향과 방법을 터득할 수 있고, 실천 과정에서 기쁨과 보람을 체험하게 되면서 이상적인 공동체의 삶에 대한 기초를 배우게 된다. 또한 모든 일에 적극적으로 참여하는 자발정신과 협동정신, 책임감을 배움으로써 민주주의 사회에 기반이 되는 함께하는 마음을 키울 수 있다. 이는 학교 교육과정과 연계하여 운영할 수 있는데, 교실 수업 및 체험학습을 통하여 활동의 효과를 높일 수 있다. 교육봉사의 목표를 구체적으로 살펴보면 다음과 같다.

① 지적인 성장과 발전을 이룰 수 있다. 교육봉사활동 현장과 같은 특정 상황에 대한 문제의식을 갖추고, 문제를 합리적으로 해결하려는 노력을 통해 문제 해결 능력을 습득하게 된다.
② 기본 기술을 향상시킬 수 있다. 교육봉사활동을 통해 자신과 다른 다양한 사람들과 의사소통을 함으로써 기본적인 의사소통 기술이 향상된다.
③ 도덕과 윤리의 중요성을 깨우치게 된다. 체험활동을 하는 과정에서 서로에 대한 배려와 존중 같은 윤리적 가치판단의 능력을 습득하게 된다.
④ 시민으로서의 사회적 책임감을 인식할 수 있다. 사회구성원으로서의 사

회적 책임의식을 갖추고, 더불어 사는 공동체를 만들기 위한 방안을 탐구하면서 사회적 책임감에 대한 인식을 가지게 된다.

Conrad와 Hedin(1989)은 청소년 교육봉사활동의 경험을 통해 청소년들이 얻을 수 있는 목표를 다음과 같이 제시하였다.

〈표 1-1〉 교육봉사의 기대효과 영역

기대효과 영역	내 용
개인적 성장과 발달	자아존중감, 개인적 유능감, 자아와 도덕성 발달, 새로운 역할과 관심의 탐색, 새로운 도전의 수용과 위험의 감수, 가치와 신념의 수정 및 강화, 책임감의 향상, 자기행동의 결과에 대한 수용
지적 성장과 발달	기본적인 학업기술(생각의 표현, 읽기, 계산하기), 높은 수준의 사고기술(편견 없는 태도, 문제 해결, 비판적 사고), 봉사경험 및 직접적으로 관련된 내용과 기술, 경험으로부터 습득한 기술(관찰, 질문, 지식에 적용), 지식의 습득과 보유에 대한 동기, 책이나 강의를 통해 설명할 수는 없지만 꼭 알아두어야 할 통찰력, 판단 및 이해
사회적 성장과 발달	다른 사람의 복지에 관한 관심과 사회적 책임성, 정치적 유능성, 민주시민의 참여정신 함양, 교육봉사와 관련된 직업에 대한 지식과 탐색, 다양한 배경과 삶의 상황에 처해 있는 사람들에 대한 폭넓은 이해와 평가

출처: Conrad & Hedin(1989).

3 교육봉사의 의의

청소년의 시기는 사회적 접촉을 확대하고자 하며, 감정적으로나 규범적으로 부모나 가정에 대한 의존에서 벗어나 또래집단이나 성인사회에 더욱 가까이 가려 하는 시기다.

교육봉사활동은 인성발달 측면에서 청소년에게 바람직한 영향을 줄 수 있다. 일반적으로 봉사활동에 참여한 청소년들은 참여하지 않은 청소년들보다 자아정체성이 향상되고, 동시에 자기존중감과 효능감, 나아가 자신에 대한 긍정적인 태도가 높게 나타나고 있다.

교육적 차원에서의 교육봉사활동은 학생들로 하여금 학교에서 배운 지식을 현장에 적용하는 기회를 갖게 한다. 그리고 실천과정에서 새롭게 요구되는 지식과 기술을 배우는 과정을 반복하게 함으로써 봉사학습의 효과를 높일 수 있다.

한국청소년개발원(2005)이 제시하고 있는 청소년 자원봉사활동의 필요성과 교육봉사의 목표를 관련지어 교육봉사의 의의를 정리하면 다음과 같다.

① **인간 존중의 정신과 태도 형성이다.** 교육봉사활동을 통하여 청소년들은 자신의 존재 의미와 자아존중감을 느낄 수 있게 되고, 이를 통하여 인간의 존엄성과 가치를 인식함으로써 건전한 인격형성의 바탕을 마련하게 된다.

② **사회성 개발이다.** 교육봉사활동을 통해 청소년들에게 다른 사람과 협력하고 원만한 인간관계를 유지시킬 수 있는 경험을 가질 수 있게 함으로써 사회성이 향상된다. 다양한 사람과 집단에 대한 접촉 기회를 제공함으로써 사람들을 이해하고, 그들과 원만한 인간관계와 생활을 유지할 수 있는 능력을 길러 준다.

③ **자신감과 지도력 향상이다.** 청소년들은 교육봉사활동 과정에서 다른 사람들과 협동하며 잠재적인 지도력을 계발하게 된다. 교육봉사활동을 하는 동안 자기표현의 기회를 갖게 되어 자신감을 얻을 수 있고, 다른 사람들과 교류적 상호작용과 협동의 과정을 통하여 잠재적인 지도력을 발휘하게 된다.

④ **공동체 의식 함양이다.** 청소년들은 교육봉사활동을 통하여 어려운 사람들을 도우며 함께 살아가는 공동체 의식을 기를 수 있다. 교육봉사활동은 이기주의적 태도를 극복하고 서로를 배려하는 마음을 가질 수 있게 도와준다.

⑤ **민주시민으로서의 책임감 형성이다.** 교육봉사활동은 청소년들에게 바람직한 민주시민의 자질을 함양시켜 준다. 교육봉사활동에 적극 참여함으로써 청소년들은 자발성, 협동정신, 책임감, 배려, 역지사지와 같은 민주시민의 자질을 함양하게 된다.

⑥ **보람 있는 여가생활이다.** 청소년들은 교육봉사활동을 하면서 의미 있는 여가와 문화생활을 보낼 수 있다. 자발적인 교육봉사활동을 하면서 보람을 찾을 수 있고, 이로 말미암아 탈선이나 비행도 예방할 수 있다.

⑦ **진로선택에 도움이 된다.** 교육봉사활동은 자신의 적성을 발견할 수 있는 기회를 제공하며, 새로운 기술을 학습할 수 있게 하고, 이미 가진 기술을 더욱 발전시킬 수 있도록 도와준다. 즉, 교육봉사활동을 통하여 자신의 적성을 발견할 수 있는 기회와 경험은 장래의 진로 선택에 큰 도움을 받을 수 있다.

4 교육봉사의 특성

교육봉사는 봉사자와 봉사대상자 간의 상호 교육적 행동을 통하여 기쁨과 즐거움, 보람이 나타나는 활동으로, 여기에는 몇 가지 기본적인 특성을 가지고 있다. 김동배(2005)가 제시한 자원봉사의 특성을 교육과 관련지어 제시해 보면 [그림 1-2]와 같이 자발성, 이타성, 무보수성, 지속성, 조직성이라는 다섯 가지 특성으로 설명할 수 있다.

자발성이란 가장 중요한 전제조건으로, 타의에 의해 강제로 활동하는 것이 아니라 자신의 의지로 교육봉사활동을 한다는 것이다.

이타성은 교육봉사는 생명을 존중하며 이웃과 더불어 사는 가치관에 바탕을 두고 공동체의 번영을 위한다는 자각에서 출발해 끝까지 이를 지켜 나가겠다는 의지의 표현이라 할 수 있다.

무보수성은 물질적 보상과 관련되는 것으로, 교육봉사활동에 대해 금전적인 보수나 대가를 받지 않음을 뜻하는데, 단 교육봉사활동을 함에 있어서 소요되는 최소한의 경비(교통비, 식비 정도)는 받을 수 있다.

지속성은 일시적인 충동적 활동이 아니라 모두가 복된 삶을 누리는 공동체 건설에 헌신한다는 계획적인 사명 의식하에 꾸준한 활동을 실천해야 함을 의미하는 것이다.

마지막으로 조직성은 현대사회의 다양한 문제에 대응하기 위하여 조직화,

체계화시켜 활동함으로써 효과를 높일 수 있다는 점에 주목하여 모든 요소를 조직적으로 연관지어 운영하는 특성을 말한다.

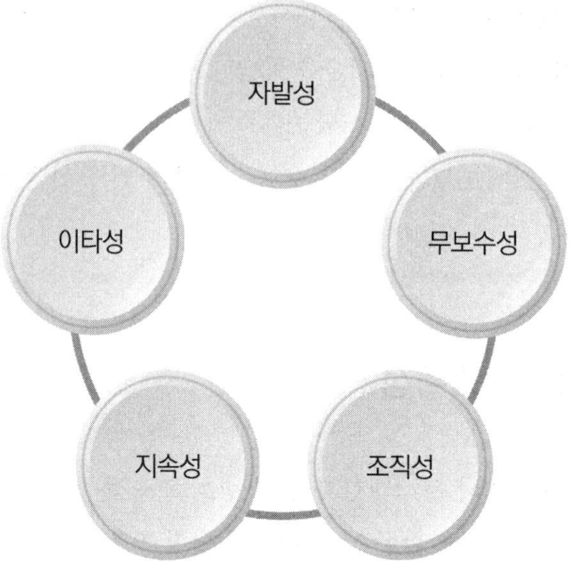

[그림 1-2] 교육봉사의 특성

아름다운 입술을 갖고 싶으면
친절한 말을 하라.

사랑스런 눈을 갖고 싶으면
사람들에게서 좋은 점을 보아라.

날씬한 몸매를 갖고 싶으면
너의 음식을 배고픈 사람과 나누어라.

아름다운 자세를 갖고 싶으면
결코 혼자 걷고 있지 않음을 기억하라.

내가 더 나이가 들면 손이 두 개라는 것을 발견하게 될 것이다.
한 손은 너 자신을 돕는 손이고,
다른 한 손은 다른 사람을 돕는 손이다.

- 오드리 헵번 -

제2장
교육봉사와 자기계발

이론은 학생들이 교육봉사 실습을 나가기 전에 교육봉사에 참여하는 과정을 어떻게 경험하며, 학습과 발달의 성과가 무엇이어야 하는지를 이해하기 위한 가치적 · 인지적인 관점을 제공한다. 학습과 발달이론은 학습자이면서 봉사제공자인 학생에게 스스로 봉사학습 체험을 설계하고 평가하는 비판적 통찰력을 제공해 준다.

이론을 보다 실제적인 맥락 속에서 살펴보기 위해 봉사학습에 참여 가능한 세 명의 가상 학생의 경우를 생각해 보자.

> 철수는 제조업 공장이 많은 도시에 거주하는 20세의 남학생이다. 그는 대학 재학 중이며 전일제로 일하면서 노쇠한 할아버지를 돌보고 있다. 그리고 그는 이전부터 지역사회 봉사에 비공식적으로 참여해 왔다.
>
> 영숙이는 시골에서 자란 22세의 여학생이다. 생물을 전공하여 수의사가 되고 싶어 하는데, 특히 경제적으로 낙후된 지역에서 개업을 하고자 한다. 영숙이는 수업에 출석하는 것과 공부 이외에 남는 시간 대부분을 교회에서 보낸다. 그녀는 정기적으로 두 개의 성경공부 그룹에 참여하며, 청년 그룹에서는 리더의 역할을 하고, 다양한 사회활동에도 참여한다.

찬두는 남학생 사교클럽의 멤버다. 20세이며, 지역사회 봉사가 고등학교 졸업에 필수인 학교에 재학 중이다.

앞의 세 학생이 봉사학습에 포함되는 수업에 등록했다고 가정해 보자. 이에 몇 가지 의문이 제기된다. 철수, 영숙, 찬두에 대해 무엇을 알고 있는가? 이들이 어떻게 봉사학습 체험에 들어설 것인가에 대해 예상되는 차이점은 있는가? 이들은 유사하거나 또는 상이한 봉사학습을 어떻게 경험할 것인가? 이들은 자신이 제공한 봉사에 대해 어떤 성찰을 하는가? 이들은 무엇을 배우는가? 봉사학습은 이들의 발달에 어떤 영향을 주는가? 이들은 봉사학습에 있어서 어떻게 상호의존성을 경험하는가? 이들은 수업에서 무엇을 얻고, 봉사학습 참여의 결과로 무엇을 얻게 되는가?

교육봉사는 봉사체험활동을 통하여 학생의 학습과 발달을 목적으로 한다. 여기서는 봉사체험활동의 풍부한 가능성을 모색하고자 발달의 본질과 발달의 모형을 살펴본다. 학생들이 사고하고 학습하는 여러 다른 방식, 그들의 도덕적 추론이 어떻게 발달하는지, 그리고 어떻게 정신적 성장이 이루어지는지에 관련된 학습과 발달의 특별한 이론 및 모형을 학습한다. 그것은 학생들이 대학생활 동안 직면하는 개인적, 심리적인 발달의 쟁점, 그리고 그것들이 봉사학습에서의 체험과 어떻게 관련될 수 있는지 살펴보도록 한다.

1 교육봉사와 자기계발

1) 발달 모형

Sanford(1967)에 따르면 발달은 '증가하는 복잡성의 구조' 또는 '차이와 통합의 증가'를 말한다. 즉, 발달은 기존의 지식과 새로운 현상을 연결지으며 여러 부분을 함께 통합하는 과정을 통해 점차 복잡성이 증가하는 형태를 나타내는 것이라 할 수 있다.

발달이 일어나기 위해서는 개인이 이에 대한 준비와 현재의 심리적 평형상태를 깨고자 하는 도전적인 자극을 필요로 한다(Sanford, 1962, 1967). 학생 스스로 도전에 맞서기 위한 충분한 자원을 제공하고, 동시에 새로운 반응을 요구하는 도전을 제공함으로써 발달은 촉진된다.

(1) 인지발달 이론

인지발달 이론은 학생들의 사고와 추론에 대한 구조적 방식과 그들이 사고하기 위해 이용하는 과정을 나타낸다(조용하, 2008). Knefelkamp와 Widick 그리고 Paker(1978)에 따르면, 인지발달 이론은 '사람들이 자신의 세계에 관해 인식하고 추론하는 과정 안에서의 변화를 포함하는 일련의 바꿀 수 없는 단계'로 개념화하였다. 그리고 각 단계는 이전 단계와 질적으로 다르고, 그 이전 단계를 초월(Perry, 1981)하지만, 모든 이전 단계를 포함한다고 하였다. King (1978)은 개인은 보다 복잡한 사고방식을 발달시키지만 모든 이전 사고방식을 계속적으로 이용함으로써 사람들은 더 복잡하고 추상적인 방식으로 사고함을 주장하였다.

인지발달과 관련하여 Perry(1970, 1981)는 지적 · 도덕적 발달의 스키마를 제시하며, 구체적이고 단순한 사고방식에서 보다 추상적이고 복잡한 방식으로 발달하게 된다고 주장하였다. Perry는 9개의 스키마 상태를 네 집단으로 구성하며 학생의 사고 구조에 대하여 설명하였다.

- **이원주의**(1~2단계): 1단계에서 학생은 의견의 다양성을 경험하지 않는다. 2단계에서 학생은 의견의 다양성을 옳고 그름으로 경험하며, 해답을 얻기 위하여 권위자에게 의존하게 된다. 권위자에는 교사나 또래집단, 부모 혹은 책 등이 있다.
- **다양성**(3~4단계): 3단계에서 학생은 의견의 다양성을 옳거나 그르거나 아직 알 수 없는 것으로 경험한다. 그리고 4단계에서 학생은 모든 지식이 다 알려진 것은 아니라는 것을 받아들이며, 어떤 지식은 알려졌고, 어떤 지식은 아직 학습되고 있으며, 어떤 지식은 결코 알 수 없다는 것을 받아들이게 된다.

• **맥락적 상대주의**(5~6단계): 5단계에서 학생은 지식이 맥락 안에서 발달되고 알려지며, '좋은' 지식은 적절한 증거를 가져야 정당화되고, 주어진 맥락에서 존재한다는 것을 느끼게 된다. 6단계에서 학생은 내가 왜 이 활동에 전념해야 하는지 필요성을 알게 된다.
• **상대주의에의 전념**(7~9단계): 학생은 자신(직업, 인생 동반자, 생활양식)과 관련된 측면 혹은 신념(사회 정의, 정치, 종교)에 전념하게 된다. 그리고 자신이 하고 있는 전념(교사가 되는 것 혹은 시골에 사는 것 등)의 함의를 경험한다.

(2) 체험학습 모형

Kolb(1981, 1984)는 체험학습 모형을 제시하며 '체험이 학습과정에 있어서 맡고 있는 중요한 역할'을 설명하였다. 교육봉사는 체험교육의 한 형태이기 때문에 이러한 체험학습 모형은 특히 유용하다.

이 모형의 핵심은 '학습주기에 대한 간단한 설명-경험이 어떻게 개념으로 변화되며, 새로운 경험이 선택의 안내자로서 이용되는 결과'에 대한 설명을 제시하고 있다.

체험학습 모형에서 효과적인 학습이 이루어지기 위해서는 네 가지 학습주기와 이에 대하여 연결되는 학습능력이 요구된다. 학습주기는 '느끼는 것으로부터의 학습, 보고 듣는 것에 의한 학습, 사고에 의한 학습, 그리고 행함에 의한 학습'을 말한다. 그리고 학습능력은 구체적 경험 능력(A), 성찰적 관찰 능력(B), 추상적 개념화 능력(C), 그리고 적극적 실험 능력(D)을 말한다.

Kolb는 학습자의 주기와 네 가지 능력을 연관하여 다음과 같이 설명하였다. 먼저 학습자는 '새로운 경험에 완전히, 개방적으로, 편견 없이 자신을 참여시키며 구체적인 체험을 하여야 한다(A). 활동에 대한 일지를 기록하며 반성적 성찰을 하는 것이 요구되며(B), 내용에 따른 결론을 도출하기 전에 모순되지 않도록 이론에 통합하며 개념화해야 한다(C). 그리고 설정된 문제를 해결하기 위해 이론에 대한 가설을 검증하는 적극적인 실험을 해야 한다(D)'.

그럼 여기서 교육봉사의 과목을 체험학습 모형에 적용시켜 보도록 하자. 학생은 교육봉사활동에 앞서 봉사의 의미와 자기계발에 대한 사전교육을 들으면서 이 수업의 학습주기에 참여한다. 그다음 구체적인 교육봉사활동 설계를 위하여 자신의 장점과 소질, 진로와 비전을 고려하며 자신이 원하는 목표를 달성하기 위한 가시적인 설계를 한다. 교육봉사활동은 봉사자와 봉사대상자 간의 교류적인 활동으로, 활발한 상호작용과 함께 서로에게 보람과 기쁨을 줄 수 있어야 한다. 학생은 사전교육을 통해 적극적으로 활동에 임해야 본질적 목표를 성취할 수 있음을 알고 적극적으로 활동에 참여한다. 학생은 구체적인 경험을 기록하고 이를 관찰하며 자기평가와 성찰을 실시한다. 이러한 내용은 학생이 다시 원래의 이론으로 되돌아가서 그것에 관한 새로운 문제제기나 가설설정을 하는 데 도움을 받는다. 학생은 자신이 세운 가설을 실제 활동을 수행하며 검증한다.

(3) 심리적 발달

Chickering(1969)과 Chickering & Reisser(1993)는 심리적 발달 이론을 제시하며, 대학생의 발달과 관련된 쟁점과 편견에 초점을 두고 학습자가 환경과 상호작용한 결과로 인해 생기는 특별한 발달의 진행을 설명하였다. 연구에서는 일곱 가지의 백터(양과 방향 모두를 포함하고 있는 용어)로 대학생의 심리적 발달에 대한 설명을 하고 있다.

- **백터 1. 능력의 발달:** 지적 능력, 신체적 · 수동적 기술, 대인관계 능력, 전반적인 능력에 대한 지각
- **백터 2. 감정의 관리:** 보다 복잡하고 해석하기 어려운 감정에 대한 의식 증가. 적절한 방식으로 감정을 다루고 통합시키는 방식으로 학습을 발달시킴
- **백터 3. 자율성에 의해 상호의존성으로 이동:** 감정적이고 도구적인 독립성을 발달시켜 상호의존성을 인정하고 수용하도록 해 줌
- **백터 4. 성숙한 상호의존 관계의 발달:** 차이에 대한 관용과 이해 · 진실하고 건전한 친밀감의 능력 발달

- **백터 5. 정체감 확립**: 자기 자신의 존재에 대한 견실하고 포괄적인 의식 발달
- **백터 6. 목표의 발달**: 개인의 직업, 부업에 대한 관심, 삶의 양식에 관한 목표의 명세화와 계획 수립
- **백터 7. 통합성의 발달**: 내적인 지속성을 가지며 적어도 행동에 대한 임시적인 안내를 제공하는 개인적으로 타당한 믿음의 명료화

Chickering과 Reisser(1993)의 연구에 입각하여 살펴보면 처음 네 개의 백터는 일반적으로 대학생활 초기에 나타나는 경향이 많으며, 학생의 정체감 발달을 위한 기초가 되는 능력이라 할 수 있다. 백터 5는 나머지 두 개의 백터를 위한 기초이며, 학생의 대학생활 전체에 걸쳐 발생하거나 대개 생애 주기 동안 다시 발생할 수도 있다.

여기에서 주목할 점은 학생의 발달에 있어 특정 시점에서 특정 백터가 두드러지게 나타난다는 것이다. 이는 학생들이 교육봉사 실습에 참여할 때 부딪힐 수 있는 심리사회적 쟁점이 될 수 있다는 점에 유념할 필요가 있다. 대체로 대학교 1~2학년인 경우에는 다른 사람들과 함께 활동하는 데 보다 편안하고 능력 있게 되기 위해 노력하게 된다. 반면, 4학년인 경우에는 인생의 목표나 자신의 삶에서의 일치성에 대한 두드러진 쟁점에 부딪히는 경우가 상대적으로 많은 비중을 차지한다.

앞서 사례로 제시했던 영숙이의 경우, 그녀의 두드러진 심리사회적 쟁점은 목표를 발달시키거나 통합성을 발달시키는 것이 될 수 있다. 그녀는 수의학에 많은 열정을 쏟고 있으며, 경제적으로 낙후된 지역에서 수의사 활동을 할 것이라는 그녀의 직업목표를 대학과 통합시키고자 하였다. 그녀의 봉사학습 체험은 심리사회적 쟁점을 보완해 주는지, 아니면 갈등을 일으키는지와 관련될 수 있다. 봉사학습이 어떻게 설계되느냐에 따라 하나 이상의 백터에서 발달을 촉진할 수도 있겠지만, 어느 백터가 촉진되는지는 학생의 심리사회적 쟁점과 경험의 상호작용으로 나타나게 된다.

(4) 정체감 발달

정체감 발달은 사회적 환경과 개인적인 특성에 따라 영향을 많이 받게 된다. 개인은 자신의 정체감을 고립되거나 분리된 방식으로 볼 수 있는데, 이것은 각 개인의 독특함을 규정짓는 정체감의 교차점이라 할 수 있다. 정체감 발달은 학생들이 체험하는 봉사학습을 여과시키는 주요한 역할을 한다. 즉, 정체감은 지역사회 구성원이나 또래집단과 상호작용하는 렌즈라 할 수 있으며, 학생들이 어떻게 자신의 인종, 장애인에 대한 시각, 사회계급과 관련하여 자신을 보는지에 대한 안목적 기준이 된다. 학생은 정체감을 통해서 수업자료에 관해 생각하고, 자신의 봉사체험에 대해 성찰하며, 지역사회 봉사와 수업에서의 독서 · 토론을 연관시킬 수 있게 된다.

(5) 진로 발달

Krumboltz와 Mitchell 그리고 Jones(1976)는 진로선택과 관련하여 사회학습적 접근법을 제시하며 네 가지 요인이 진로 결정에 영향을 준다고 하였다. 유전적 요인과 특별한 능력, 환경적 조건과 사건, 학습경험 그리고 과제접근기술이다. 뒤의 두 가지는 교육봉사의 잠재적 성과와 직접적으로 관련된다고 볼 수 있다.

봉사학습에서 학생들은 다양한 학습경험에 직접적으로 참여하고, 타인에게 피드백을 받으므로, 경험에 대한 인지적 · 정서적 반응을 얻게 된다. 그리고 학생들은 그 환경에서 다른 사람들, 즉 동료나 친구, 다른 교육봉사자, 기관의 직원, 지역사회 구성원뿐만 아니라 대학의 교수진, 행정가를 관찰하는 기회를 가진다. 또한 교육봉사활동 체험으로 학생들은 그들이 가지고 온 과제접근기술, 예를 들어 '수행 기준과 가치, 노동 습관, 지각과 인지적 과정, 정신 자세와 감정 반응 등'을 실제로 체험해 보고 성찰할 수 있게 된다.

앞서 제시했던 영숙이의 사례는 교육봉사활동 참여와 진로 발달이 서로 어떻게 연결될 수 있는지를 보여 준다. 영숙이는 교육봉사라는 교과목이 경제적으로 낙후된 지역에서 수의사로서 활동한다는 자신의 직업 목표와 직접적으로 관련되어 있는 것으로 본다. 그녀는 미래 자신의 고객들에게 반응하기 위해서는 다양한 사회계급과 관련된 쟁점을 이해하는 것과 지역사회에서 활동을 하는 것이 중요하다고 생각하고 있다.

2 교육봉사 포트폴리오

포트폴리오에 대한 정의를 Meyer(1992)는 "어떤 목적을 가진 학생의 활동 수집이고, 이 활동은 학생의 노력, 발달 또는 주어진 영역에서의 성취 결과를 나타내는 것"이라고 하였다. 그리고 Murphy와 Smith(1992)는 "학생들을 동기화시키고 자기반성과 자기평가를 통해 학습을 촉진시키고, 학생들의 사고와 쓰기 과정에 대한 평가를 하기 위해 의도된 것"이라고 하였고, Paulson 등(1991)은 "하나 혹은 그 이상의 영역에서 학생의 참여, 결과의 판단준거, 학생의 자기 반성 증거를 가지고 있는 학생의 노력, 발달, 성취를 나타내는 학생 과제의 수집물"이라고 하였으며, Collins(1992)는 "다목적을 충족시킬 수 있는 한 개인의 지식, 기술 또는 성향에 대한 증거뿐만 아니라 노력에 대한 개별적이고 장기적인 설명을 포함하는 용기"라고 하였다. 또한 Feuer와 Fulton(1993)은 "장시간에 걸쳐 학생이 수행한 과제의 모음집"이라고 정의하고 있다. 이 밖에 "주어진 영역에서 학습자의 관심, 능력, 정도, 성취를 파악할 수 있는 의도적인 자료 모음집"(Shackelford, 1996), "단순한 작품의 모음집이 아니라 학생의 노력, 발달, 성취 등 여러 가지를 나타내 주는 목적 있는 작품철"(Phelps 등, 1997), "자신이 쓰거나 만든 작품을 지속적이면서도 체계적으로 모아 둔 개인별 작품집 혹은 서류철을 이용한 평가방법"(백순근, 1997), "교육목표의 성취와 실패의 원인을 규명해 보기 위해 장시간 동안 다양한 작품을 수집하기 위한 하나의 수단"(Wigins, 1989) 등으로 정의하고 있다.

앞서 제시한 정의를 종합하여 박정환(2001)과 문창배 외(2010)는 포트폴리오를 다음과 같이 정의하였다. 포트폴리오는 과정과 결과의 산출물을 여러 가지 복합적인 매체로 표현하여 모아 놓은 것으로, 과정 포트폴리오는 작품이 만들어지기까지의 과정, 즉 작품을 만들 때의 어려운 점과 장애 등을 포트폴리오에 포함시키고, 결과 포트폴리오는 최종적으로 완성된 완성품이다. 따라서 포트폴리오는 단순한 자료 모음의 개념을 넘어 활동에 대한 변화와 이것이 자신에게 주는 의미, 지속적인 발전방안을 모색하는 기준이 되는 중요한 정보로서의 가치를 가질 때 포트폴리오의 기능을 잘 수행한다고 볼 수 있다.

교육봉사에서는 [그림 2-1]에서 제시한 바와 같이 실습과정에서 생성된 포트폴리오에 대하여 자기평가와 동료평가, 전문가 코칭을 실시하고, 이를 기반으로 자기성찰을 실시하게 된다. 차시를 진행하며 포트폴리오를 생성하는 동안 학습자는 자신의 활동 과정을 살펴보고 교육목표의 성취와 실패의 원인을 규명하며, 결과적으로 자신에 대한 변화를 관찰하고 분석할 수 있게 된다.

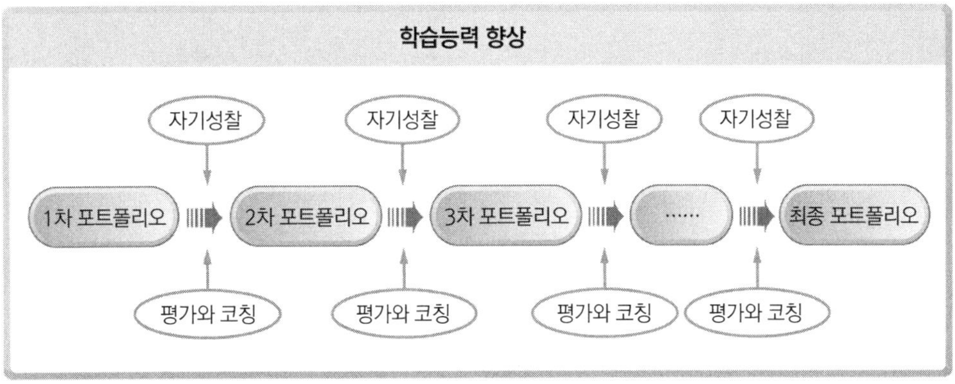

[그림 2-1] 교육봉사 포트폴리오

제2부 교육봉사활동 내용에서는 '교육봉사활동에서 무엇을 할 수 있는가?'에 대한 대답으로 학업지도, 수업보조, 생활지도 보조, 멘토링, 비교과 프로그램 보조 등 다양한 교육봉사활동에 대하여 살펴본다.

제2부
교육봉사활동 내용

제3장

교육봉사활동의 영역

나는 춤을 좋아한다. 춤을 추고 있으면 행복하고 살아 있음을 느낀다. 하지만 나는 학교 성적도 좋지 않고, 이로 인하여 자신감이 떨어져 학교생활도 별로 좋지 못하다. 그로 인해 선생님은 내가 할 줄 아는 것이 없다고 생각하시는데 그런 사람과는 말하고 싶지 않다. 그러던 중 새로 오신 선생님께서 내가 춤에 소질이 있는 것을 아시고 춤을 출 수 있는 무대를 만들어 주셨다. 무대는 도심 길거리에 있는 사람들이 많이 다니는 공터로, 나는 친구들과 함께 열심히 춤을 추었다. 많은 사람이 호응을 해 주었고, 우리는 정말 오랜만에 기쁨을 맛볼 수 있었다. 사람들이 많이 모이니 모금활동도 하자고 해서 그렇게 하기로 했다. 비가 오는 날을 제외하고는 방학 내내 매일 춤을 추었다. 가끔은 힘도 들었지만, 정말 기뻤다. 춤을 추면서 많은 도움의 손길이 이어져 제법 큰 금액이 모였다. 선생님과 우리는 이 돈을 소년소녀가장, 보육시설에 방문하여 기부하기로 하였다. 보육시설의 아이들은 우리에게 감사함을 표현하였고, 나는 비로소 내가 사회에 도움이 되는 놈이라는 것을 느낄 수 있었다. 이러한 활동을 계기로 나의 학교생활은 완전히 바뀌었다. 성적도 매우 좋아졌고, 지각도 하지 않았다. 선생님과의 관계도 좋아졌고, 내가 원하는 모습에 조금씩 다가갈 수 있게 되었다. 예전에 나는 청소봉사활동을 한다면 일부러 휴지를 버렸다. 그랬던 내가 바뀌는 모습을 보며 마음속의 나를 만날 수 있었다. 이제는 얘기한다. 자신이 정말 잘할 수 있는 활동으로 다른 사람에게 도움을 주라고……. 그러면 나도 함께 살 것이라고 말한다.

앞의 내용은 봉사활동을 실시했던 학생의 소감문 중 일부다. 이 내용을 통하여 교육봉사활동도 자신이 능동적으로 임할 때 효과가 나타남을 알 수 있다. 즉, 교육봉사활동을 계획할 때는 나의 장점과 나의 비전, 나의 특기 등을 먼저 고려해야 한다는 것이다. 내가 누구인지, 나를 먼저 아는 것을 필두로 시작해야 함을 강조하고 있다.

이러한 관점에서 과연 내가 어떤 활동을 했을 때 가장 능동적인 모습을 보이며, 상호작용을 극대화할 수 있는지 생각할 필요가 있다. 자신의 마음에 맞는 교육봉사활동을 실시하면 정말로 의미 있고, 재미있으며 자신을 발전시키는 활동임을 느낄 수 있다. 과연 나에게 어떤 활동이 맞는지 심도 있게 고민하는 자세가 필요하다.

1 학업지도

일반적으로 학생들이 가지고 있는 가장 큰 고민으로 학업문제를 들 수 있다. 학업은 다양한 형태로 이루어지며 학업부진의 원인도 내적, 외적 혹은 복합적 요인 등으로 매우 다양하게 나타난다. 학업지도를 잘하기 위해서는 학업과 관련하여 발생되는 문제점, 그리고 이와 관련된 특징을 고려하여 체계적으로 살펴볼 필요가 있다.

학업문제를 이해하려면 이를 영역화하여 구체적으로 분류하여 제시한다. 학업문제를 분류하는 방법에는 여러 가지가 있는데, 여기서는 〈표 3-1〉의 홍경자 외(2002)가 제시한 분류방법으로 학업문제를 언급하고자 한다.

〈표 3-1〉 학업문제의 분류

<table>
<tr><th>대분류</th><th>중분류</th><th>소분류</th></tr>
<tr><td rowspan="2">인지적 문제</td><td>지적능력 부족</td><td>능력 부족</td></tr>
<tr><td>학습전략 문제</td><td>집중력 부족
공부방법의 문제
노력에 비하여 성적이 오르지 않음</td></tr>
<tr><td rowspan="3">정의적 문제</td><td>낮은 학습동기</td><td>공부 자체에 대한 회의와 의문
공부에 대한 저항
공부에 대한 동기 부족</td></tr>
<tr><td>학습태도 문제</td><td>공부에 대한 반감
공부 습관 미형성</td></tr>
<tr><td>학습 관련 스트레스</td><td>시험 불안
낮은 성적으로 인한 걱정과 스트레스
성적에 대한 지나친 집착</td></tr>
<tr><td>관계의 문제</td><td>관계 관련 문제</td><td>성적으로 인한 관계의 문제
관계 문제로 인한 학업문제</td></tr>
</table>

〈표 3-1〉에 제시된 내용을 기반으로 교육봉사자는 학습자에 대한 분석과 관찰을 실시하여 학업문제를 정확하게 파악한 후 효과적인 개입방법을 〈표 3-2〉와 같이 모색할 필요가 있다.

〈표 3-2〉 학습부진 요인

범 주	관련 요인
능력 요인	지능, 기초학습기능, 선행학습, 적성, 인지양식
인지 요인	공부에 대한 태도, 동기, 부모의 기대에 대한 자각, 공부와 관련된 비합리적 신념
정서적 요인	우울(학습된 무기력), 불안, 성취 압력으로 인한 스트레스
행동적 요인	학습전략, 공부시간
심리적 요인	물리적 환경, 심리적 환경(부모와의 관계, 또래와의 관계, 교사와의 관계, 형제와의 경쟁 등)

② 수업보조

수업보조는 2009 개정 교육과정의 특징인 학습자 중심 교육과정 운영을 실질적으로 가능하도록 도와주는 활동이라 할 수 있다. 최대한 개별화와 맞춤형 수업이 가능하다면 학습자의 학업성취는 향상된다. 학급당 학생 수가 예전에 비하여 많이 줄어들고 있지만, 일부 학생들은 여전히 교과진도의 내용을 제대로 이해하지 못한 채 다음 수업이 제시됨으로써 수업효과를 보지 못하는 경우가 있다.

따라서 수업보조 활동을 통하여 학업이 부진한 학생들에게 보충학습이나 수업 중에 학습에 대한 도움을 제공함으로써 학업향상에 보탬이 될 수 있다. 그리고 학습자의 일반적 특징이나 학습방식을 인지하고 이를 교과 담당교사나 담임교사에게 알려 줌으로써 학생지도에 좋은 정보를 제공하게 된다. 성적이 낮아 자신감이 부족한 학생에게 자세하게 학습지원을 함으로써 성적 향상은 물론, 자신감과 자아존중감을 찾는 변화되는 모습을 보며 교육봉사자는 많은 보람과 기쁨을 얻을 수 있으리라 생각된다.

③ 생활지도 보조

생활지도는 개인 스스로가 자신과 자신이 처해 있는 세계를 이해할 수 있고, 더 나아가 직면한 문제를 스스로 해결할 수 있는 능력을 함양하도록 조력하는 과정(김진한, 2009)이라 할 수 있다. 하지만 일반적으로 생활지도라고 하면 이러한 전체적인 느낌보다 체벌, 학교폭력, 규율, 외압에 의한 지시나 통제 등을 떠올리게 되는 것이 사실이다. 그만큼 대부분의 사람은 생활지도의 전체적인 본질적 의미보다 일부의 내용을 전체의 의미로 인지하는 경우가 많다.

생활지도는 학생들의 문제를 이해하고, 이에 대한 구체적인 지도방법의 제시나 예방을 목적으로 하고 있다. 이는 생활지도를 함에 있어 일반적인 원리가 있음을 의미하는 것이라 할 수 있다. 김진한(2009)이 제시한 생활지도의 원리에서 핵심내용을 간추려 소개하면 다음과 같다.

① 생활지도는 치료보다 예방에 역점을 둔다.
② 생활지도는 모든 학생을 대상으로 한다.
③ 생활지도는 학생들이 스스로 자율적인 판단과 행동을 할 수 있도록 전인적 발달에 초점을 두고 지원해야 한다.
④ 생활지도는 개인의 존엄성과 개성 발달에 초점을 두고 연속적이고 장기적으로 운영되어야 한다.
⑤ 과학적 정보를 근거로 정확하고 객관적인 절차에 따라 실시되어야 한다.
⑥ 생활지도는 학교교육의 일부다.

생활지도의 목표는 학생들에게 새로운 환경에 대한 적응과 자신의 문제를 스스로 해결할 수 있도록 적응력을 길러 주는 데 있다. 즉, 생활지도의 초점은 문제가 아니라 개인이며, 그들이 자율적 성장을 할 수 있도록 자신에 대한 이해, 적응력 함양, 통합적 사고를 통한 문제해결력 증대를 목적으로 하고 있다.

4 비교과 프로그램 보조

비교과 프로그램은 학교에서 진행하는 교과수업을 제외한 활동을 말한다. 지금까지 학생에 대한 평가는 주로 교과에 대한 학업 성취를 기준으로 하여 이루어져 왔다. 즉, 교과에 국한하여 지식의 개념을 적용했다고 볼 수 있다.

하지만 대인관계, 의사소통 능력, 문제해결력, 창의력과 같은 역량이 중요한 능력으로 부각되면서 점차 비교과 영역에 대한 중요성이 제기되고 있다. 대학 입시에서 입학사정관제도의 실시는 이와 같은 현상이 정책적으로 반영되는 것이라 할 수 있다. 〈표 3-3〉은 비교과 프로그램의 종류와 내용을 제시하고 있다.

〈표 3-3〉 비교과 프로그램의 종류 및 내용

활동 구분	활동 내용
체험활동	청소년을 위한 공익활동, 봉사캠프, 청소년자치활동 소양교육, 교육봉사학교 참여, 봉사활동을 위한 기능교육 청소년과 함께하는 다양한 활동 참여 및 프로그램 개발
동아리활동	청소년의 소질 개발을 위한 동아리 활동 지도 동아리 운영을 위한 교육 및 회의
봉사활동	장애아를 위한 특수교육 봉사활동, 캠페인활동

비교과 프로그램을 통하여 학생들은 저마다의 장점과 소질을 계발하고 있다. 특히 동아리활동을 통하여 자신의 능력 계발은 물론, 학업성취의 향상과 학교에 대한 적응력이 향상되고 있다는 연구 결과는 비교과 프로그램의 필요성과 효과를 증명하고 있는 것이라 할 수 있다. 교과이든 비교과이든 학생들에게 할 수 있다는 자신감을 심어 주는 것은 그 자체가 매우 의미 있다고 하겠다.

5 비전 및 진로지도

진로란 한 개인이 일생 동안 일과 관련하여 경험하고 거쳐 가는 모든 체험을 의미한다(김계현, 1997). 진로지도는 학생들에게 진로에 대한 고민과 함께 이를 자극하고 촉진하며 자기계발을 수행하도록 도와주는 활동이다. 즉, 개인이 원하는 직업을 얻고 행복한 삶을 누릴 수 있도록 다양한 정보나 활동, 경험을 제공하는 것이다.

학생들과 진로에 대한 상담을 하다 보면 의외로 꿈이 없거나 진로에 대하여 막연한 생각을 하고 있는 경우가 많음을 볼 수 있다. 이러한 현상이 나타나는 원인은 여러 가지가 있을 수 있는데, 유치원이나 초등학교 시절에는 여러 가지 하고 싶은 일이 있었지만, 점차 입시 위주의 환경이나 자신이 처한 사회적 · 경제적 여건 등을 인식하며 자신감 결여가 주요한 원인이 되고 있다. 혹은 먼 훗날의 얘기로만 생각하여 피부에 와 닿지 않거나 사회가 풍족해짐에 따라 '배부른 고양이는 쥐를 잡지 않는다.'와 같은 무력감 등이 원인이 될 수 있다.

따라서 학생들에게 진로에 대한 인식과 함께 왜 공부를 해야 하는지 등의 본질적 질문에 대한 답을 찾을 수 있도록 하는 것이 중요하다. 이와 관련하여 여러 가지 방법을 적용할 수 있겠지만, 그중의 하나로 '비전'을 들 수 있다. 비전은 자신을 알고 나의 장점과 소질을 아는 것에서부터 출발하여 사회에서 내가 할 수 있는 역할과 사명을 제시하고, 왜 살고 있으며, 왜 공부하고 있는지에 대한 답을 찾게 해 준다. 그리고 자신이 원하는 삶이 언제, 어떻게 이루어지는지에 대한 구체적인 스케줄을 제시함으로써 꿈이 이루어질 수 있다는 강력한 동기를 부여한다.

이를 위하여 봉사자는 사전에 진로와 비전에 대한 지식과 함께 구체적인 사례를 찾아 학생들에게 맞춤형으로 체계화하여 안내하는 전략을 구성할 필요가 있다. 단순한 지식과 사례의 전달이 아닌 전체적인 틀 안에서 작은 목적부터 계획하고 이를 실행하는 성공적인 경험을 실제적으로 체험할 수 있도록 하여 스스로에게 꿈에 대한 확신을 받을 수 있도록 체계화하여야 한다. 교육봉사의 여러 가지 영역이 제시되고 있지만, 무엇보다 본질적인 질문에 답할 수 있는 활동을 수행하는 것은 더욱 의미가 클 것이다.

> We sow our thoughts, and we reap our actions.
> We sow our actions, and we reap our habits.
> We sow our habits, and we reap our characters.
> We sow our characters, we reap our destiny.
>
> – Preach by Albert Hall–

제3부 교육봉사 운영 및 평가에서는 교육봉사활동의 본질적 목표 달성을 위한 구체적인 설계와 실제적인 진행 단계를 살펴본다. 그리고 포트폴리오 평가를 통하여 활동에 대한 가치를 판단하는 안목을 갖춘다.

제3부
교육봉사 운영 및 평가

제4장
교육봉사활동 기관

교육봉사활동을 계획하면서 자신이 활동하고자 하는 기관을 스스로 찾아볼 필요가 있다. 대학교에 일임해서 행정적인 협조를 통하여 기관을 선정할 수도 있겠지만, 홈페이지나 기타 다양한 정보원을 통하여 기관의 일반적인 특성과 현황을 살펴보고 자신이 직접 선택한다면 활동 효과는 더 높게 나타날 것이다.

교육봉사과목은 교원자격증을 취득하기 위한 필수과목으로 지정되어 있다. 교육과학기술부는 이와 관련하여 활동이 가능한 기관에 대한 안내, 구체적인 방법과 보고서 제출, 학점 취득과 같은 행정절차를 제시하고 있다. 따라서 교육봉사자는 자신이 활동하고자 하는 기관이 추후에 인정을 받을 수 있는 기관인지 사전에 꼼꼼하게 확인해야 한다.

1 교육봉사활동 기관

교육봉사 교과목이 2010년부터 시행됨에 따라 아직은 교육봉사활동 규정 등이 다소 유동적이지만, 규정과 활동 가능한 기관에 대한 범위는 보다 확고해지는 추세다. 점차 일선학교(초 · 중 · 고등학교)와 교육기관에 한정하여 실시하는 형태로 진행되고 있다. 따라서 교육봉사자는 대학관계자에게 문의하여 해당학기에 맞는 규정을 준수하는 것이 중요하다. 직전 학기의 내용과 다르게 운영될 수 있음을 유의해야 한다. 교육봉사활동 교과목을 수강신청하고자 하는 학생은 당해 학기의 수강신청 기간에 해야 한다. 수강신청 후 교육봉사기관을 본인이 선정해(학교에서 교육봉사기관을 선정하여 배정할 수도 있다.) 교육봉사활동 신청서와 수강신청 내역을 작성 · 제출한다. 인정되지 않은 기관에서 활동한 경우, 이는 추후에 교원자격증 발급이 되지 않는 결격 사유로 작용될 수 있다는 것을 염두에 두어야 한다.

교육봉사는 「유아교육법」「초 · 중등교육법」「고등교육법」「평생교육법」 등에 의하여 설립된 학교 또는 학력인정시설이나 전공분야와 관련된 사회교육기관(시설)에서 인정한 보조교사나 봉사활동 또는 참여관찰 등을 포함할 수 있고, 인정기관 및 유형은 다음과 같다(이는 대학마다 다를 수 있음).

가. 교육기관: 유치원, 초 · 중 · 고 · 특수학교에서 교사도우미(참여관찰 포함), 방과 후 교사, 등하교 지도, 부진아 학생지도, 멘토링, 장애아 봉사, 튜터링, 외국인을 위한 한국어 교육

나. 사회복지기관: 청소년을 대상으로 한 교수학습, 멘토링

다. 교육봉사활동 대상 학교 및 기관은 학생이 선정하는 것을 원칙으로 하나, 대학이 대상 학교를 선정할 수 있으며, 취득하고자 하는 교원자격증과 교육봉사활동의 학교 급이 일치하지 않아도 가능(사범대학생이 초등학교에서 활동 가능)

교육봉사활동을 실시하기 전에 봉사자는 사전에 해당기관에 협조를 구하는 것이 좋다. 나중에 자신이 원하는 기관에 인원이 이미 구성되어 다른 기관으로 가게 되는 경우가 발생되면 시작하는 단계에서 동기가 낮아질 수 있다.

본인이 원하는 기관에 협조가 이루어진 경우, 이를 운영하는 학과에 알려주면 학과에서는 이러한 내용을 종합하여 관련된 모든 기관에 협조 공문을 발송하게 된다. 물론 이러한 절차는 학교마다 상이할 수 있다.

Children Learn What They Live

-도로시 로 놀테-

꾸지람 받으며 자란 아이들은 비난하는 것을 배우고,
미움 받으며 자란 아이들은 싸움을 배우고,
두려움 속에 자란 아이들은 근심을 배우고,

동정 받으며 자란 아이들은 자기 연민을 배우고,
놀림 받으며 자란 아이들은 수줍음을 배우고,
질투 받으며 자란 아이들은 시기심을 배우고,
부끄러워하며 자란 아이들은 죄책감을 배우고,

칭찬 받으며 자란 아이들은 자신감을 배우고,
너그러움 속에 자란 아이들은 인내심을 배우고,
격려 받으며 자란 아이들은 고마워하는 것을 배우고,
사랑 받으며 자란 아이들은 사랑을 배우고,
관심 속에 자란 아이들은 자긍심을 배우고,
인정 받으며 자란 아이들은 목표 세우는 것을 배우고,

함께 나누며 자란 아이들은 관대함을 배우고,
정직함 속에 자란 아이들은 진실한 삶을 배우고,
공정한 대우를 받으며 자란 아이들은 정의를 배우고,
친절함 속에 자란 아이들은 남을 존중하는 법을 배우고,

평안함 속에 자란 아이들은 사람에 대한 믿음을 배우고,
다정함 속에 자란 아이들은 세상이 살기 좋은 곳임을 배운다.

제5장 교육봉사 운영

교육봉사활동을 제대로 운영하기 위해서는 준비 단계부터 마무리 단계까지 철저하게 계획하며 체계화하는 것이 중요하다. 치밀하게 준비를 하면 그에 수반하는 결과가 있을 것이다. 이 책에서는 교육봉사활동이 의무가 아닌 학생과의 교류적 상호작용을 통하여 서로 간에 보람과 기쁨을 찾을 수 있는 방법을 제공하고 있다.

이에 대한 구체적인 방법으로 자신을 알고, 자신의 장점을 인지하여 진로와 비전을 연결하면서 교육봉사활동을 계획하고 실행하여 평가를 하도록 하고 있다. 특히 교육봉사활동을 진행하며 포트폴리오를 제작하도록 하고 있는데, 봉사자는 자신의 포트폴리오를 보면서 활동 과정을 살펴보고 당초의 계획과 대비하여 성취와 실패의 원인을 규명할 수 있다. 그리고 활동 내용과 동료 및 전문가의 코칭 내용에 입각하여 자기성찰을 실시한다. 봉사자는 매번 시행되는 활동에 대한 포트폴리오를 살펴보며 자신에 대한 변화의 과정을 인지하게 됨으로써 더 큰 보람을 얻을 수 있다.

1 준비 단계

1) 교육봉사활동 사전교육

교육봉사활동 사전교육은 교과목의 목표 달성을 위하여 필수적으로 염두에 두어야 할 내용 및 구체적인 활동 방법과 전략, 관련기관, 포트폴리오 평가 등 전반에 관한 내용을 안내하는 과정이다. 사전교육은 3회, 총 6시간으로 운영되며 구체적인 내용은 〈표 5-1〉과 같다.

〈표 5-1〉 교육봉사활동 사전교육 내용

차 시	내 용	비 고
1차시	orientation -교과목 및 강의 목표 이해 -수업 진행의 내용, 방향, 방법 제시 -포트폴리오 작성 방법 안내 -포트폴리오 평가에 대한 안내 교육봉사의 이해 교육봉사와 자기계발 교육봉사활동 내용 소개	포트폴리오 수록 내용 (프로젝트, 계획서, 보고서, 동료 및 전문가 코칭, 자기 성찰)
2차시	교육봉사 운영 및 평가 -교육봉사 기관 소개 -교육봉사 운영 -교육봉사활동 평가 교육봉사활동 설계	프로젝트 및 계획서 작성
3차시	교육봉사활동 계획 발표 교육봉사 발표대회 -직전 학기 포트폴리오 전시 -직전 학기 우수자 사례 발표 직전 학기 이수 학생과 토론	프로젝트 및 계획서 발표
교육봉사 실습 코칭/상담/지도	교육봉사활동 기관 방문 및 실습 교육봉사 교육봉사 포트폴리오 작성	계획서와 보고서 작성
평 가	교육봉사 포트폴리오 평가	발표대회 우수자 시상

그리고 사전교육을 통하여 교육봉사활동의 절차를 이해하고, 구체적으로 설계할 수 있도록 체계화하여 정보를 안내한다. [그림 5-1]은 교육봉사활동의 추진체계를 나타내는 것으로, 교육봉사활동 운영에 대한 전반적인 흐름, 요소별 관계와 행동, 내용을 보여 주고 있다.

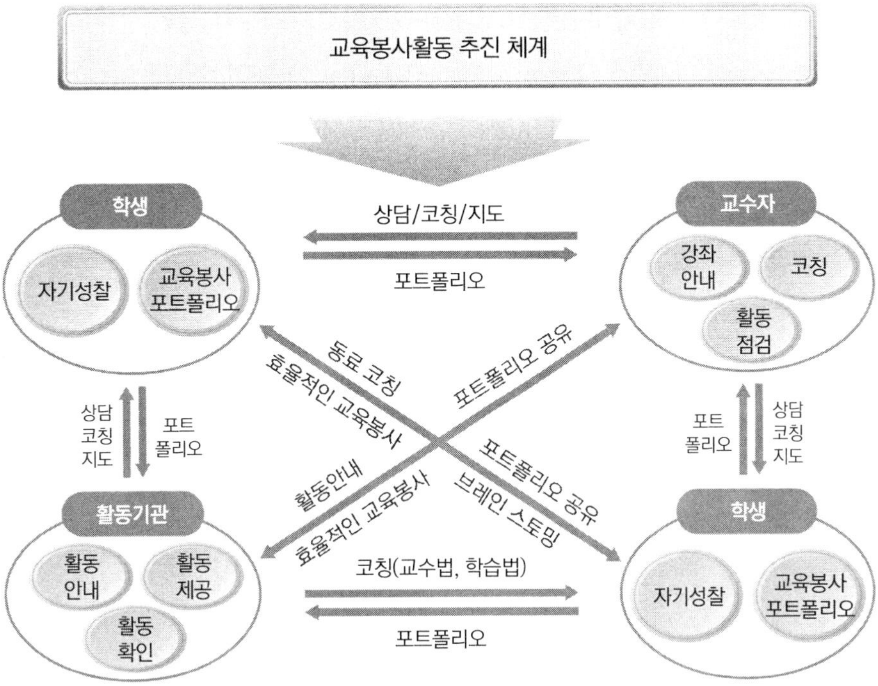

[그림 5-1] 교육봉사활동 추진 체계도

2) 교육봉사활동 설계

학습과 발달은 체제적 · 체계적인 설계와 신중하게 수행되는 실습프로그램을 통해 달성될 수 있다. 이것은 개인의 지적 성장과 정신적 성숙, 비판적 사고, 가치 명확화, 이론과 실제의 통합, 내용에 기초한 지식의 적용과 질 향상, 그리고 직업적 기술과 실제적 기술을 포함한다.

개인적 성장 결과를 의도하는 경우에는 적절한 도전을 제시하고, 직업적 발달을 원하는 경우에는 가치 명료화, 자신의 장점과 소질을 직업과 연결하기,

실용적 전문기술 습득, 교류적 상호작용 등에 대한 전략을 조직하는 것도 도움이 된다.

구체적인 계획은 구체적인 결과를 나타낸다. 자신이 실행하고자 하는 교육봉사활동 내용을 추진체계와 연결하며 자세하게 설계한다. 이 책에서는 포트폴리오를 제시하고 있는데, 여기에는 프로젝트 설계와 활동계획서, 보고서를 포함하고 있다. 주요 내용으로는 교육봉사활동의 목적, 활동명, 일시와 장소, 활동 동기, 활동 목적과 성취를 위해 수행해야 할 구체적인 내용 및 과제, 참가자, 준비물 및 유의사항, 평가 및 개선(자기성찰) 등을 포함한다.

(1) 프로젝트 설계

프로젝트는 목표 달성을 위하여 구체적인 과업과 이를 수행하는 방법, 평가를 실시하며 목적을 이루는 과정이라 할 수 있다. 프로젝트 설계는 큰 틀에서 이루어지며 차시별 목표와 내용을 구성하는 절차로 진행된다. 그리고 프로젝트를 완수하기 위한 자신의 다짐과 사회적인 사명을 같이 계획한다. 프로젝트 안에는 목적을 달성하기 위하여 부수적으로 계획서와 보고서를 포함하고 있다. 여기에서는 자신이 실행하고자 하는 궁극적인 목표를 염두에 두고 교육봉사활동에 대한 절차를 고려하며 자세하게 설계한다.

> 사람들의 생각과 사고에 폭풍을 일으켜 주고,
> 그들의 눈을 크게 해 줘 사물의 본질을 보게 하고,
> 누구보다 따뜻한 가슴을 소유케 하고 싶다면
> 그러기 전에 먼저 자신이 그렇게 되어라.
>
> -소크라테스-

● 교육봉사활동 프로젝트 예시 ●

교육봉사활동 프로젝트

교육봉사활동 기간:　　　　년　　월　　일 ~　　월　　일

교육봉사활동을 통해 나의 삶을 주도적으로 살고자 한다. 내 목표의 끈이 끊어지지 않도록 하기 위해서 나는 오늘부터 정기적으로 크고 작은 목표들을 쓰면서 반드시 실행에 옮기도록 할 것이다.

프로젝트의 목표: ________________________________

____

■ 세부 계획

순 번	목 표	활동 내용	비 고
1회			
2회			
⋮			
9회			
10회			

■ 효율적인 교육봉사활동을 위하여

1. 정신적으로 반드시

2. 신체적으로 반드시

3. 진로와 관련하여 반드시

4. 친구, 이웃, 사회를 위해서 반드시

교육봉사활동 계획서 예시

(1회) 교육봉사활동 계획서

구체적인 목표는 구체적인 결과를 가져온다.
막연한 목표는 아무런 결과도 가져오지 않는다.

인적사항	대학교 학과 학년 이름:
활동일시	20 년 월 일 시 ~ 시 예정시간(시간)
활동명	
활동목적	
활동동기 (내가 이 활동을 해야만 하는 이유)	
활동장소	
봉사활동 내용 (목적 성취를 위해 수행해야 할 구체적인 내용과 과제)	
준비사항	
유의사항	

위와 같이 봉사활동을 하고자 계획서를 제출합니다.

20 년 월 일

성명: ________________(서명)

(2) 교육봉사활동 보고서

자신이 실행한 교육봉사활동에 대하여 자세하게 기술한다. 필요하면 계획서에 언급된 내용을 참고하는 것도 도움이 된다. 그리고 구체적인 활동 사진을 포함하여 추후에 보았을 때 느낌을 받을 수 있도록 제작하면 더욱 좋다. 또한 작성한 내용을 동료나 전문가에게 의뢰하여 자문을 받으면 다음 활동에 도움을 받을 수 있다.

교육봉사활동 보고서 예시

봉사활동 내용 (목적 성취를 위해 수행한 구체적인 내용과 과제)	봉사 3일째. 눈이 오는 날이어서 가는 길에 무척 고생을 했다. ○○초등학교까지 택시를 타고 겨우 도착했는데 아이들이 기다렸다는 듯이 반겨 주어서 기뻤다. <거꾸로 팬티>라는 동화를 듣고 클레이아트를 하기로 했는데, 클레이아트는 손으로 클레이를 조몰락거리면서 머리로는 만들 작품의 내용을 생각하고 만들어야 한다. 아이들이 작업한 것을 작품으로 만들려면 우선 글루건으로 틀을 만들어서 순간접착제로 작업한 것을 붙인 다음 이름까지 붙여 주면 완성도도 높아지고 무언가를 완성했다는 동기부여가 되는 것 같다. 다음으로 외부강사를 초빙해 실내에서 이루어지는 체육수업이 있었다. 10분이 지나자 아이들은 땀을 흘리기 시작했지만, 아랑곳하지 않은 채 웃으면서 뛰어다니는 모습이 너무 재미있어 보였다. 신나게 뛰어노는 아이들을 보니 바깥의 추위는 잠시 사라지는 것 같았고, 나도 어린 시절로 돌아가는 것 같아 흐뭇했다.
관련 사진	사진 ① 실내 체육수업 

<table>
<tr><td rowspan="2">관련 사진</td><td>사진 ② 우리 몸 속에는 무엇이 들어 있을까?

발표를 좋아하는 한라산 어린이가 자신이 속한 모둠의 클레이 아트 작품을 설명하고 있다. 가끔 아이들의 생각이나 표현이 너무 기발하고 귀여워서 웃음 짓게 된다.</td></tr>
<tr><td>사진 ③ 놀이 활동

자유놀이시간 – 엄마 놀이, 소꿉장난을 하면서 아이들이 엄마처럼 잔소리(?)를 하기도 한다. 아이는 어른의 거울이라는 말이 생각나서 뜨끔, 민망해지기도 한다.
아이를 키우는 집은 바른 사고, 건강한 언어 습관이 필요하다고 생각된다. 부모 되기가 그리고 선생님 되기가 얼마나 어려운지…….</td></tr>
</table>

교육봉사활동 보고서 예시

<table>
<tr><td>새로 알게 된 사실이나 인상 깊었던 점, 느낀 점
(효율적 교사의 시사점)</td><td>여기 있는 기간 동안 두 분의 선생님 모두 한 번도 소리를 지르거나 욱(?)하는 모습을 본 적이 없다. 아이들에게 항상 존댓말을 사용하고 달래면서 가르치는데, 마치 득도를 한 도인처럼 보여서 많이 느끼고 배운다.</td></tr>
<tr><td>자기성찰</td><td>지난 학기엔 중학교에서 교육실습을 했는데, 예민한 사춘기 아이들 몇 백 명이 생활하는 중학교는 하루하루가 시끄러운 시장처럼 느껴질 만큼 정신없이 흘러가곤 했다. 우리가 배우는, 알아야 할 모든 것은 이미 유치원에서 배웠다고 하지 않는가? 예비 교사, 예비 부모의 마음으로 많이 느끼고 반성한다. 이러다가 유아교육까지 공부하는 건 아닌지~ ^^</td></tr>
<tr><td>동료평가,
멘토링</td><td>• 칭찬은 한 학생에게만 편중되지 않고 가급적이면 학생들 앞에서 하는 것이 좋습니다. 긍정적인 피드백도 좋다고 생각합니다.</td></tr>
<tr><td>전문가 코칭</td><td>• Piaget 인지발달의 4단계와 Boway의 학년별 언어특성과 능력의 예를 보더라도 연령별 특성에 따른 학습전략 구사가 중요합니다.
• 학습자들이 흥미를 갖도록 유도하고, 활동에 참가하도록 장려하며, 학습의 필요성을 느끼도록 적절한 학습동기유도 방법을 강구 · 적용하시길 바랍니다.</td></tr>
<tr><td colspan="2">위와 같이 교육봉사활동 보고서를 제출합니다.
2012년 1월 11일
성 명: 손○○ (서명)</td></tr>
<tr><td colspan="2">위와 같이 교육봉사활동을 실시하였습니다.
2012년 1월 11일
기관명: 확인자 ○○초등학교병설유치원 성명 __________ (서명)</td></tr>
</table>

3) 자신의 삶을 주도하는 교육봉사활동

교육봉사활동의 목적을 달성하고 그 효과를 극대화하는 방법으로 자신의 특기와 적성, 진로와 삶의 목표를 연관지어 활동에 임하는 것을 생각해 볼 수 있다. 이는 활동을 통하여 진실한 자신을 볼 수 있는 것으로 자아존중감은 물론 자신의 존재와 가치, 더불어 사는 사회를 인지할 수 있도록 만드는 계기가 된다. 앞서 제시한 사례에서 춤을 좋아하는 학생의 경우를 떠올려 보자. 그 학생은 학교성적뿐만 아니라 출결도 좋지 않았던 학생이었지만, 춤을 통하여 봉사활동을 실시하면서 다른 사람들의 기대와 인정을 받게 되었다. 그러한 과정 속에서 점차 자신의 가치를 알게 되었고, 자신의 비전을 찾으며 삶을 주도적으로 살 수 있었다는 사례를 보았다.

공부를 잘하는 학생은 지역아동센터나 다른 친구들에게 자신이 알고 있는 지식을 알려 줌으로써 상대방이 변화되는 모습을 보고 자신의 존재를 인식할 수 있다. 노래를 잘하는 학생은 노래 봉사활동으로, 미술을 잘하는 학생은 미술로 봉사활동을 실시하면 자연스레 꿈과 연결지으며 자신을 발전시킬 수 있게 된다. 결국 자신이 정말 잘할 수 있는 활동이 무엇인가에 대한 심도 깊은 고민을 할 필요가 있다.

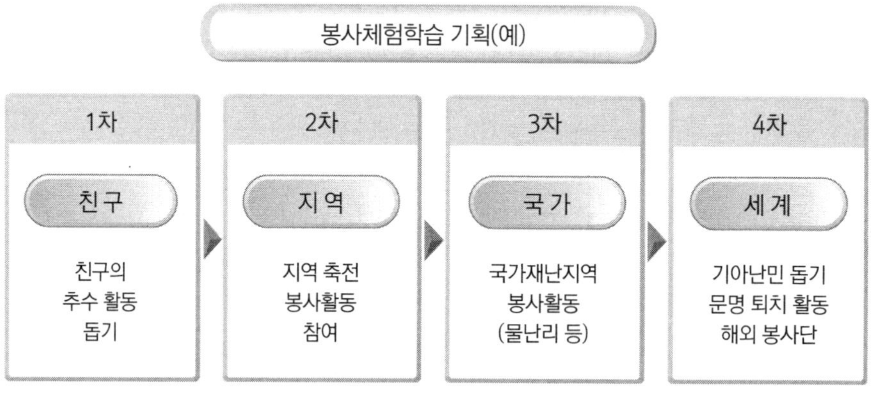

[그림 5-2] 교육봉사활동 기획

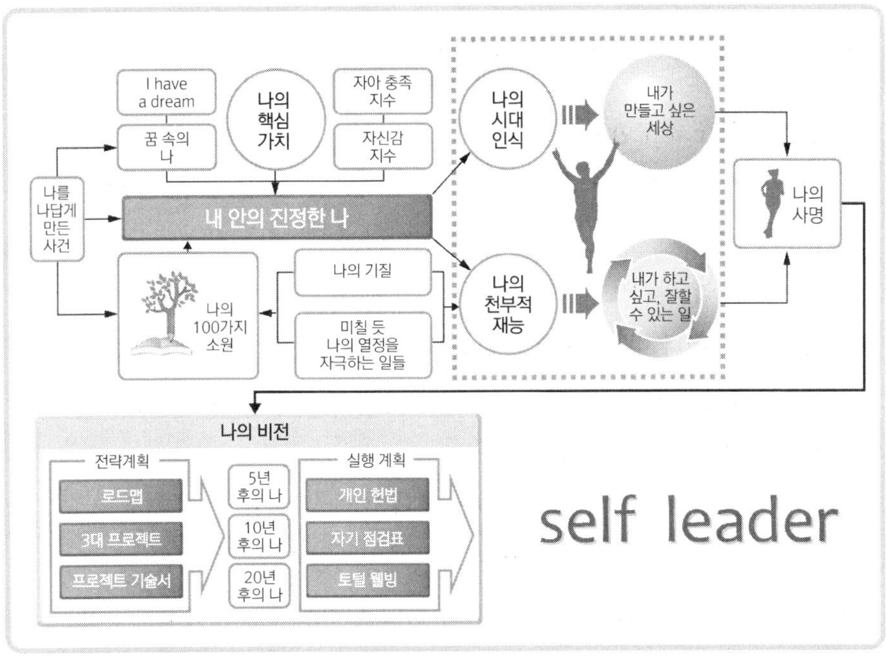

[그림 5-3] 자신의 삶을 주도하는 교육봉사활동

출처: 강교수 비전스쿨.

	5년 후 (○월 ○일)	10년 후 (○월 ○일)	20년 후 (○월 ○일)
어디에 있는가?			
무엇을 하고 있는가?			
누구와 함께 있는가?			
그 사람과 무슨 이야기를 나누고 있는가?			
오늘의 가장 중요한 목표는?			

[그림 5-4] 미래 스케치

출처: 강교수 비전스쿨.

4) 교육봉사활동 시 자세 및 유의사항

- 봉사 시간을 준수한다.
- 동기는 자발적이지만 업무는 정확하게 수행되어야 함을 인지한다.
- 업무내용이 불명확한 것은 재차 확인한다.
- 주어진 과업 외에도 자발적 · 적극적으로 일을 찾아서 하려는 태도가 필요하다. 그러나 다른 영역에서의 지나친 간섭은 피한다.
- 교육봉사자는 도움을 주는 위치와 더불어 배우는 입장에 있으므로 기관의 정책과 규칙에 따른다.
- 특정 정당, 단체 및 종교나 사상을 전파하지 않는다.
- 동료봉사자 및 직원과 원만한 인간관계를 맺도록 노력한다.
- 활동 중에 알게 되는 봉사대상자의 비밀은 누설하지 않는다.
- 가정과 학교에서 의견발표 능력을 향상시킬 수 있는 다양한 기회를 갖는 것이 좋다.
- 교육봉사는 항상 만족감을 주는 것은 아니며, 오히려 힘들 때가 있을 수 있음을 알고 적절히 대처하는 다양한 방법을 강구하고 실천한다.
- 교육봉사의 위기를 극복하고 계속적인 열정을 지니기 위해서는 다음과 같은 자세가 필요하다.
  - 경제적인 보상 없이 남을 위해 진실한 도움을 줄 수 있어야 한다.
  - 자신이 관심 있는 일부터 시작한다.
  - 매사에 약속을 지키며, 책임 있고 신뢰받는 언행이 되어야 한다.
  - 지나친 기대감을 갖지 않도록 한다.
  - 계속해서 학습하고, 자신을 성장시키도록 노력한다.
  - 겸손한 태도와 감사한 마음으로 봉사활동에 임하며, 기쁨으로 시작하고 보람으로 마친다.
  - 자신의 활동은 전 교육봉사자를 대표한다는 마음으로 열심히 한다.
  - 도움을 받는 성격, 행동, 태도, 활동, 학업성적 등에 관하여 비판적이고 심판적인 행동은 삼가한다.
  - 표준말을 사용하고, 단정한 복장을 갖추며 예절을 지킨다.

– 도움을 받는 이의 생활향상에 실질적인 효과가 나타나도록 한다.
– 교육봉사활동을 중단하고자 할 때는 정중한 양해가 필요하며, 다음 봉사활동 참여자에게 상세한 인수인계를 한다.
– 교육봉사활동 장소에 도착하면 기관에 알리고, 담당교사의 지시를 받아 활동을 시작하며, 활동을 마친 후에도 기관에 알린 다음 정확하게 마무리한다.
– 활동 장소에서는 개인적으로 사진촬영을 해서는 안 되며, 부득이하게 사진촬영이 필요한 경우에는 미리 허락을 받도록 한다.
– 활동 시 지도자의 지시를 따르고, 활동 중에 혹시 사고가 난다든가 위험한 일이 발생했을 경우에는 담당교사나 관계자에게 즉시 알리도록 한다.
– 장소를 깨끗이 사용하고, 공공시설을 아껴야 한다.

사례

봉사활동을 실시하기에 앞서 상대방이 도움을 받을 준비가 되었는지 확인 후에 실시하는 것이 중요하다. 자칫 잘못하면 봉사활동을 갔다가 더 큰 피해만 줄 수 있다는 것에 유의한다.

[사례] 홍합국을 끓일 때는 홍합을 잘 씻어서 찬물에 넣어 끓여야 국물이 잘 우러나온다고 합니다. 그런데 나는 뜨거운 물에 홍합을 삶으면 국물이 더 잘 우러나올 것 같아 뜨거운 물에 넣었다가 낭패를 보았습니다.

상대방의 입장에서 준비가 되었는지 확인한 후에 실시합시다.

② 시작 단계

교육봉사 기관이 결정되고 이와 관련한 행정처리가 이루어지면 본격적으로 활동을 시작하게 된다. 시작이 중요하다는 것은 굳이 언급하지 않아도 잘 인지하고 있으리라 본다. 여기에서는 시작 단계에서 이루어지는 활동에 대하여 살펴보고자 한다.

1) 첫 만남

일반적으로 단어를 나열한 뒤에 기억을 떠올리게 하면 처음의 단어(초두효과)가 중간에 제시되는 단어보다 기억되는 확률이 상대적으로 높다. 이는 처음의 정보가 인상 형성에 영향을 미친다는 내용으로, 처음 만났을 때 긍정적인 인상을 심어 주는 것이 중요하다는 것을 의미한다. 따라서 이를 염두에 두고 기관 관계자와 봉사대상자에 대한 첫 만남을 준비할 필요가 있다.

처음 기관을 방문할 때는 시간에 여유를 두고 약속시간보다 약간 일찍 도착하는 것이 좋다. 활동 내용에 알맞은 복장을 착용하며, 기관에 도착하면 반가운 얼굴로 인사를 나누도록 한다. 인사는 마음에서 우러나오는 만남의 첫걸음이며, 마음가짐의 외적 표현이다. 또한 상대에 대한 존경심, 반가움의 표현이기에 호감을 주는 인사와 밝은 표정은 대단히 중요하다. 담당자에게 교육봉사활동에 대한 안내와 함께 봉사대상자에 대한 일반적인 특성, 특이사항 등 사전에 알아 두면 도움이 될 만한 사항을 요청하며, 궁금한 사항이 있다면 해당 사항에 관하여 자세하게 문의한다.

2) 관계 형성

교육봉사활동은 상호적 교류 관계 속에서 이루어지는 활동으로 관계 형성이 어떻게 이루어지느냐가 매우 중요하다. 친밀감을 형성해 가는 과정에서 서로에 대한 이해를 높일 수 있으며, 활동에 대한 성공 여부도 가늠해 볼 수 있게 된다. 봉사대상자의 일반적인 특성과 특이사항, 입장을 고려하여 우선적으로 행하며 관계 형성에 도움이 될 만한 내용을 찾아 이를 언제 어떻게 시행할 것인지 구체적으로 작성해 보면 도움이 될 것이다. 관계형성에서 중요한 것은 레포형성이다. 효율적인 레포형성 방법을 사전에 많이 알고 적절하게 활용할 수 있어야 한다[예를 들어, "앉은 채로 전부 우향우해 주세요. 앞사람의 어깨, 등, 머리 등을 1분 동안 안마해 주십시오. (1분 경과 후) 예, 좋습니다. 이번에는 반대로 돌아앉아 주십시오. 감사하는 마음으로 앞에 있는 친구들을 안마해 주십시오."라고 말한다.].

3) 규칙 정하기

교육봉사활동 계획에 맞추어 목표를 효과적 · 효율적으로 달성하기 위하여 봉사자 자신에 대한 규칙과 함께 봉사자와 봉사대상자가 함께 지켜 나갈 규칙을 정하면 도움이 된다(시간 준수, 준비물 잘 챙겨 오기, 비밀 지키기, 고운 말 쓰기, 상대방 비난하지 않기, 상대방 말 자르지 않기, 경청하기, 남을 배려하기, 주변에 휴지 버리지 않기 등). 이러한 규칙을 정하면 서로에 대한 신뢰를 쌓을 수 있고, 무언가 함께하고 있다는 느낌을 받을 수 있다. 그리고 행동에 대한 책임감을 가짐으로써 서로에 대한 배려와 존중의 모습을 보이며 대인관계 기술을 높이는 장점이 있다.

부득이하게 정한 규칙을 어기게 되었을 경우에는 외부적인 지도를 하는 것보다 규정에 근거하여 행동을 요구하는 것이 바람직하다. 만약 규정에 명시가 되어 있지 않았다면, 규칙을 어긴 봉사대상자가 어떻게 이를 해결할 것인지 작성해 보도록 한다. 그러면 교육봉사자는 이를 검토하여 인정하거나 혹은 부족한 경우에는 수정이나 재작성을 요구한다. 작성한 내용이 규정 미준수에 대응하는 해결방안이 될 수 없을 경우, 추가하거나 보완해야 할 사항 등을 상대방이 이해할 수 있도록 의견을 제시한다. 잘못을 한 경우 정한 규칙을 준수하거나 스스로 해결할 수 있도록 도와주는 방식을 활용하면 무난하게 교육봉사활동을 진행할 수 있을 것이라 판단된다.

3 실행 단계

본격적인 활동이 이루어지는 단계다. 봉사자와 봉사대상자의 관계도 친밀해지고 어느 정도 안정된 기반하에 활동이 이루어진다. 하지만 목표했던 활동이 되도록 하기 위해서는 중간 점검을 하는 것이 필요하다. 여기에서는 교육봉사활동의 실행방법과 중간 점검에 대하여 살펴보고자 한다.

1) 실행방법

교육봉사활동을 계획대로 운영해 나가는 단계다. 교육봉사자는 준비 단계에서 세웠던 프로젝트에 입각하여 매회 계획서를 작성하고, 활동을 실시한 이후에는 보고서를 작성한다. 이러한 모든 내용은 자신의 교육봉사활동 포트폴리오가 되며, 이를 통해 변화되고 있는 모습을 느낄 수 있게 된다.

실행단계에서는 교수-학습 과정안의 절차를 염두에 두며 실행하면 도움이 될 수 있다. 즉, 수업에서 도입 부분, 전개 부분, 정리 부분, 평가 및 마무리 부분이 있는 것처럼 교육봉사활동에서도 이와 유사한 흐름이 있다는 것이다. 일반적인 수업 절차를 제시하면, 해당 차시의 수업목표를 안내하고 전 시간의 수업내용을 확인하며 동기를 부여한다. 해당 시간의 수업내용을 체계화하여 효과적인 수업방법으로 안내를 하며, 학습자가 과제를 수행(체험)하도록 한 후 이에 대한 검증을 실시한다.

그러면 여기서 교수-학습 흐름을 교육봉사활동에 응용하여 제시해 보도록 하자. 먼저 활동의 목표를 제시하고, 봉사대상자에게 이전 활동에 대한 내용을 정리하도록 한다. 이번 시간에 수행하게 될 내용과 어떠한 방식으로 진행되는지를 안내한다. 수행은 가급적 봉사대상자가 직접 수행하도록 하는 것을 권장하지만 상황에 따라 시범을 보여 주거나 적절한 지원을 한다. 봉사대상자의 입장에서 최대한 운영을 하여 많은 점을 깨우치고 느낄 수 있게 한다. 활동이 끝나갈 무렵에는 오늘 내용에 대한 정리를 하고 함께 소감을 나누면서 평가의 시간을 갖는다.

2) 중간 점검

일정 부분 활동이 진행되면 중간 점검을 하는 것이 좋다. 먼저 스스로 목표에 대비하여 잘 이루어지고 있는지, 방법은 적절한지, 부족하다면 왜 그러한 결과가 발생되었는지 원인을 분석해 본다. 원인을 발견하기 어려운 경우에는 요소별, 영역별, 내용별로 구분하여 세부적으로 살펴보면 원인을 찾는 데 용이하다. 또한 유사한 활동을 하는 동료와 기관 관계자, 전문가에게 자문을 구하면 활동에 대한 다양한 유익한 정보와 방법을 안내받을 수 있다.

4 마무리 단계

교육봉사활동 프로젝트를 마무리하는 단계다. 마무리 단계에서는 그동안의 활동과 포트폴리오를 살펴보면서 의도했던 활동이 되었는지 평가하며 자기성찰을 한다. 그리고 봉사대상자에게는 지금까지 함께한 내용을 가지고 앞으로 어떻게 진행하여 나가면 도움이 되는지 같이 살펴보는 시간을 갖도록 한다.

1) 마무리의 중요성

60시간의 활동을 지속적으로 한다는 것이 쉬운 일이 아니라 생각된다. 그래서 마무리 단계에 오면 그동안 수행했던 활동을 기반으로 자신감 획득과 함께 더 열심히 임했다면 하는 여러 가지 아쉬움이 나타날 수 있다. 그리고 봉사대상자와 헤어지는 서운함 등의 감정이 들 수 있다.

마무리 단계에서는 그동안 진행되었던 과정을 돌아보며 앞으로 나아갈 바에 대한 토의를 하면서 전체 과정을 정리할 필요가 있다. 올바른 마무리는 서로에 대한 믿음과 미래에 대한 발전적인 약속을 가능하게 할 수 있다. 마무리를 잘함으로써 만남과 헤어짐에 대한 긍정적인 인식을 심어 주도록 한다.

2) 마무리를 위한 활동

교육봉사활동이 종료되면 그동안 작성했던 포트폴리오(교육봉사활동 프로젝트와 계획서, 보고서)를 확인하며 잘된 점과 개선할 점을 점검한 뒤 최종적인 자기성찰을 한다. 교육봉사활동은 실습과목으로, 무엇보다 자신에게 주는 의미와 느낌, 보람을 찾을 수 있어야 하는데, 과연 그러한 바가 이루어졌는지 자문하며 이에 대한 정리를 하면 추후에 많은 도움이 될 것이라 생각된다.

봉사대상자와도 지난 활동을 돌아보며 어떠한 성과가 있었는지 구체적으로 평가해 보도록 한다. 목표에 맞추어 이루어진 점과 부족한 점, 발전된 점과 개선할 점 등을 얘기해 보고 이에 대한 내용을 정리한다. 이러한 모든 과정은 포트폴리오에 포함되며, 교육봉사활동 확인서와 함께 빠짐없이 학교에 제출하고 확인을 받으면 교육봉사활동의 모든 과정을 잘 마무리한 것으로 판단된다.

말 한마디로 천냥 빚을 갚는다.
아 다르고 어 다르다.
되로 주고 말로 받는다.
가는 말이 고와야 오는 말이 곱다.

이 4가지 속담의 공통점은 바로 말이다.
말은 어떠한 단어를 사용하여 어떻게 말하느냐에 따라
복이 될 수도, 독이 될 수도 있다.
인격이란 그 사람의 가치다.
인격은 그 사람이 사용하는 단어에 따라 달라진다.

제6장
교육봉사활동 평가

앞에서 교육봉사활동은 봉사자와 봉사대상자 간의 상호작용을 통하여 서로 간의 유의미한 느낌과 재미, 감동이 나타나는 활동이라고 언급한 바 있다. 그렇다면 활동을 마치고 과연 그러했는지 살펴볼 필요가 있다. 하지만 활동 후의 느낌은 주관적이어서 개인차가 있고, 또한 조건이 달라 이에 대한 검증을 하는 것이 쉽지 않다.

이 책에서는 교육봉사활동의 본질적인 목적을 달성하기 위하여 교육봉사활동 프로젝트를 제시하였고, 이를 기반으로 매 차시 계획서와 보고서를 포트폴리오로 작성하도록 하였다. 포트폴리오에는 봉사자 자신에 대한 내용과 장단점, 비전을 알며, 어떠한 삶을 살 것인가에 대한 구체적인 설계를 하도록 하였고, 이를 교육봉사활동과 연계하여 마음에서 우러나오는 진정한 활동을 실시할 수 있게 구조화하였다. 활동목적과 활동에 대한 갈망과 결단, 활동한 후 느낀 점, 동료와 전문가의 코칭, 자기성찰을 작성하며 자신의 변화과정을 느낄 수 있도록 하였다.

사람을 변화시키는 것은 매우 힘들고 어려운 과정이라고 할 수 있지만, 작은 변화를 통하여 큰 변화가 일어날 수 있다. 즉, 교육봉사활동을 통하여 자신이 성장했다는 자부심과 함께 아이들이 발전하는 모습을 보며 행복과 보람을 느낄 것이라 생각된다.

1 지도 및 평가

교육봉사활동을 실시하고 이에 대한 세부적인 분석과 평가를 실시하면서 보다 발전적인 모습을 도모한다. 더불어 동료나 전문가로부터 자문을 받아 이를 활동에 반영하면 더욱 도움이 될 수 있다. 그리고 추가적으로 자기성찰을 실시함으로써 활동의 효과와 의의를 극대화하도록 한다.

1) 지도 및 평가 영역

교육봉사활동에 대한 지도와 평가는 여러 측면에서 봉사자의 발전과 역량을 습득할 수 있도록 고려한다. 여기서는 인성계발 측면과 지식계발 측면, 사회성 함양과 진로계발 측면에 주안점을 두고 살펴보도록 한다.

(1) 인성계발 측면

① 개인주의적 사고에서 벗어나 여럿이 함께하는 이타주의적 사고에 입각한 자아를 형성한다.
② 다양한 직종에 대한 이해를 통해 새로운 사회영역을 경험하고, 이에 대한 정체성을 확립한다.
③ 타인의 입장을 고려하며 배려하는 마음을 가진다.
④ 원만한 대인관계 형성 능력과 사회생활에 대한 적응력을 발전시킨다.
⑤ 사회발전을 위해서는 뜻있는 사람들의 헌신적인 노력이 얼마나 중요한지를 인식한다.

(2) 지식계발 측면

① 교육봉사활동을 통하여 더 많은 지식을 습득한다.

② 기존에 알고 있던 지식과 개념을 현장에 적용할 줄 안다.
③ 문제를 해결하는 방법과 절차를 인지한다.
④ 큰 틀에서 종합적으로 파악하는 안목을 습득한다.
⑤ 창의적인 아이디어를 제공하는 능력을 습득한다.

(3) 사회성 함양 측면

① 다른 교육봉사 청소년들과의 친교를 통해 폭넓은 인생관을 형성한다.
② 사회 현상에 대해 실제적으로 이해하며, 인간과 사회에 대한 올바른 시각을 형성한다.
③ 사회문제를 보다 잘 이해함으로써 자기가 속한 사회에 소속감을 갖는다.
④ 어떤 아이디어가 성공적으로 실현되기까지 모든 작업의 필요성과 연관성을 이해하게 됨으로써 사회조직에 대하여 이해한다.
⑤ 노동의 참뜻을 깨닫는다.

(4) 진로계발 측면

① 교육봉사활동을 통하여 자신을 발견한다.
② 자신의 장점과 소질을 발전시켜 나간다.
③ 자신이 가지고 있는 꿈을 실현 가능한 비전으로 제시한다.
④ 내가 원하는 직업을 제시한다.
⑤ 사회에서 내가 어떠한 역할을 하며 살아갈 것인지에 대한 나의 사명을 말한다.

2) 코칭

교육봉사활동을 실시한 다음 목적에 비추어 얼마만큼 성취가 되었는지 점검할 필요가 있다. 당초 계획보다 부족하다는 결과가 나타나면 이를 개선하기 위한 직접적인 처방인 '평가'와 학생 자신의 변화를 위한 세부적인 조언인 '코칭'을 실시하여 다음 활동에 반영하는 것을 고려해 볼 수 있다.

'코칭'(황소연 역, 2004)이란 한 사람의 자아실현을 지원하는 시스템이라 할 수 있다. 여기에서 자아실현은 자신이 지닌 능력이나 가능성을 최대한 발휘하는 것으로, 인간이 누릴 수 있는 가장 고차원적인 욕구이며, 궁극적으로 코칭의 지향점이다. 지원(support)은 사람이 더 나은 상태로 능력이나 가능성을 발휘할 수 있도록 지지해 주는 것을 말하며, 시스템은 자아실현을 지원하는 기술체계로 볼 수 있다. 이러한 코칭의 정의에 입각하여 코칭을 적용하는 철학적 특성으로는, 첫째 모든 사람에게는 무한한 가능성이 있다. 둘째, 그 사람에게 필요한 해답은 모두 그 사람 내부에 있다. 셋째, 해답을 찾기 위해서는 파트너가 필요하다 등을 제시할 수 있다.

한허정(2006)은 코칭을 세 가지 관점에서 구분하여 제시하였다. 첫째, 코칭을 받는 사람의 관점에서 정의하는 개념이다. Whitmore(2004)는 '구성원의 성과를 극대화하기 위해 개인의 잠재능력을 깨우는 것'으로 정의하였다. 둘째, 코치가 하는 일에 초점을 두어 정의하는 개념이다. Levinson(1996)은 '현실의 문제에 초점을 맞춰 면접하고 상담하는 것'으로 정의하였다. 셋째, 성과의 관점에서 정의하는 개념이다. Hodgetts와 Knudson(1993)은 '조직 목표를 달성하기 위해 개개인의 학습을 촉진하는 것'으로 정의하였다.

교육봉사활동 포트폴리오를 확인하면서 동료 간의 코칭을 실시하면 다양한 관점에서 자신의 행동을 바라볼 수 있다. 그리고 전문가에게 코칭을 의뢰하면 차후에 더욱 발전되는 활동을 할 수 있는 질적인 정보를 제공받을 수 있다.

3) 자기성찰

성찰(reflection)은 자기의 마음을 반성하고 살피는 것으로, 자기평가에 있어서 학습을 향상시키는 중요한 요소라 할 수 있다. 이해경(2008)은 이전의 사전계획과 학습경험에 대한 반추를 통해 자신과 학습과정을 재평가함으로써 학습 경험을 재구성하고 결과를 내면화하여 발전된 학습자로의 변화와 발전을 이루게 된다는 점에서 자기성찰의 의의를 높게 평가하였다.

자기성찰은 자신의 발전을 위한 셀프코칭(self coaching)으로, 주삼환(1996)

은 개인의 전문적 성장에 관하여 독립적으로 일할 수 있는 것으로 정의하였으며, 바람직한 자기성찰로 자기통제(self-control), 자기지시(self-direction), 자기안내(self-guidance)에 의한 성찰임을 밝히고 있다. 강영삼(1994)은 개인이 자신의 전문적 발달을 위하여 스스로 체계적인 계획을 세우고 이를 실천하는 과정이라 하였다.

조병효(1993)는 이러한 자기성찰의 정의를 바탕으로 다음과 같은 특징을 제시하고 있다. 첫째, 학생 개인이 성장 프로그램에 의하여 독립적으로 연구하고, 둘째 학생 개인이 목표지향적인 전문적 개선 프로그램을 개발하고 추구하며, 셋째 학생 개인은 그러한 목표를 달성함에 있어서 다양한 자원에 접근하며, 넷째 자기성찰 프로그램의 결과는 실적평가에 반영되지 않는다.

교육봉사활동을 실시하고 활동에 대한 분석, 평가와 코칭에 대한 내용을 기반으로 활동에 대한 반성과 다짐, 앞으로의 계획 등을 구체적으로 정리하며 자신을 더욱 발전시킬 수 있는 전략으로 자기성찰을 활용하면 많은 도움이 될 것이다.

2 교육봉사 포트폴리오 평가

교육봉사활동에 대한 평가는 대학마다 자체 규정에 따라 상이하게 적용하고 있다. 어떤 학교에서는 활동 내용을 꼼꼼하게 살펴보며 교과 목표가 달성되었는지 확인하기도 하지만, 어떤 대학에서는 사회봉사활동처럼 활동 실적을 받고 이를 인정하는 형태로 느슨하게 운영하는 경우도 있다. 많은 대학에서 교육봉사활동의 본질적인 목적과는 다소 거리가 있는 형태로 행정적인 학점 처리만을 하는 경우가 있다.

교육봉사의 본질적인 목적을 달성하기 위한 방법으로 여러 가지를 생각할 수 있는데, 이 책에서는 교육봉사와 자기계발, 포트폴리오 작성의 전략을 제시하고 있다. 포트폴리오에는 교육봉사활동 프로젝트의 제시와 이를 기반으로 매 차시의 계획서와 보고서가 수록된다. 이러한 포트폴리오를 평가함으로써 우수한 점과 개선방안 등을 정리하며 발전을 도모하고자 한다. 포트폴리오를 평가하는 핵심 기준은 얼마만큼 진실한 활동을 전개했는가를 가늠하는 것이다. 포트폴리오에는 봉사자 자신에 대한 내용, 장단점, 비전을 제시하며 자신의 삶에 대한 구체적인 설계가 제시된다. 그리고 이를 교육봉사활동과 연계하여 실시한 활동을 포함하고 있다. 교육봉사자는 활동목적과 활동에 대한 갈망과 결단, 활동한 후 느낀 점, 동료와 전문가의 코칭, 자기성찰을 작성하며 자신의 변화과정을 알려 줌으로써 평가자에게 어필하고, 평가자는 주어진 요소에 타당하고 진실되게 작성되었는지 검증하며 평가하게 된다.

3 교육봉사활동 사례

교육봉사활동은 자신을 발견하는 좋은 실습 프로그램이라 할 수 있다. 여기서는 교육봉사의 본질적인 목표를 달성했던 사례를 안내함으로써 어떤 형태로 임해야 하는지, 활동을 마치고 어떠한 느낌을 받아야 하는지, 혹은 받게 되는지를 제시하고 있다.

사례 1

교육봉사활동이 전해 준 기쁨

교육봉사활동 수기

매주 목요일 저녁 6시면 나는 중문 지역 아동센터로 간다. 5명(김○○, 한○○, 김○○, 한○○, 박○○)의 아이들에게 피아노를 가르치려고……. 지난주에는 추석 연휴가 있어서 교육봉사를 가지 못했고, 오늘 2주 만에 간다.

지난 4월1일부터 시작한 교육봉사를 아직도 끝내지 못하고 계속 이어가고 있다. 교육봉사 학점취득을 위해 아이들을 가르치기 시작했지만, 나의 목적이 끝났다고 당장 그만두겠다는 말을 하는 것이 어려웠다. 아동센터 아이들도 한 학기만 피아노를 배우고 그만둘 것이라는 생각을 하지 않았을 것이기에 그들의 기대를 도저히 저버릴 수가 없었다.

2학기가 시작되면 다른 교육봉사자에게 내가 맡은 아이들을 인계하여 계속 피아노를 배울 수 있게 할 계획이었지만, 이곳 중문 지역에 교육봉사를 신청하는 학생이 없는 바람에 연말까지 계속하리라 나 자신과 약속하였다.

사실 이렇게까지 하면서 지역 아동센터 아이들에게 피아노 레슨을 계속하려는 것은 지금 이 아이들처럼 나에게도 무척 피아노를 배우고 싶어 했던 어린 시절이 있었기 때문이다.

그때는 아버지 혼자 벌어서 여섯 식구가 먹고 살아야만 했기에 피아노는 호화사치일 수밖에 없었다. 만약 그 시절에 오늘과 같은 교육봉사 시스템이 있었다면 얼마나 좋았을까 하는 생각이 든다. 어린 시절, 피아노 학원이 끝날 때까지 학원 맞은편 길가에 앉아서 문이 열릴 때마다 학원 안을 겨우 볼 수 있었던, 그리고 피아노 학원에 다니는 친구가 부러워서 어쩌다 친구 따라 들어간 피아노 학원에서 나가라고 할까 봐 말 한마디 못하고 숨죽여 기다리던 생각이 나서 중문 지역 아동센터 교육봉사를 더욱 그만둘 수가 없다.

그리고 이곳 아이들은 대부분이 결손가정이거나 조부모 가정에서 생활하는 어려운 처지의 학생들이다. 자원봉사가 아니면 레슨비를 내고 음악교육을 받을 수 없는 아이들이다.

중문 지역 아동센터는 우리 집 큰애와 셋째 아이가 나보다 먼저 봉사를 하던 곳이었다. 큰애가 1년 정도, 셋째애가 2년 정도 중문 지역 아동센터에서 아이들에게 바이올린을 가르쳤다. 다행스럽게도 교육대학원에서 교육봉사 활동 과목이 생겨서 아이들만 보냈던 봉사를 엄마인 나도 할 수 있어서 그나마 면목이 서게 되었다. 5명인 우리 식구 중에서 3명이 한곳에서 봉사를 한 셈이다. 우리 남편도 서귀포교회 부설 문화학교에서 7명의 주부와 아가씨들에게 기타를 가르치고 있다.

얼마 전 TV뉴스에서 자신이 가진 재능을 타인을 위해 쓰는 '재능봉사'에 대한 기사가 있었다. 나는 전적으로 환영한다. 재능봉사는 원하는 이들에게 장기적으로 봉사활동을 가능하게 하는 방법인 것 같다. 내가 중문 지역 아동센터에서 학점 취득이 끝나고도 계속 봉사가 가능한 것도 내가 가장 잘할 수 있는 일을 하기 때문이다. 그렇다고 시간적으로 쪼들리거나 쫓겨 다니지도 않는다. 단지 쓸데없는 일을 할 시간이 없을 뿐이다. 오히려 주어진 24시간을 알차게 쓸 수 있어서 다른 일을 할 때도 안정감 있게 할 수 있다. 결국 봉사활동이라는 것은 다른 사람을 위한 봉사가 아닌 바로 나 자신을 위한 일임을 실감하였다.

사례 2

진정한 봉사의 의미를 깨달을 수 있었던 시간

특수학교 교육봉사활동 수기

중·고등학교를 다니며 의무적으로 채워야 하는 봉사활동 시간, 이를 위해 대한민국 학생이라면 누구나 '봉사활동'이라는 이름을 달고 한 번쯤은 봉사활동을 해 보았을 것이다. 나도 대한민국에서 중·고등학교를 졸업했고, 봉사활동을 몇 번 다녀온 일이 있다. 하지만 이번에 '특수학교교육봉사' 과목을 수강하며 다녀온 봉사활동들은 내가 그동안 해 왔던 것이 그저 이름만 '봉사활동'일 뿐이었다는 것을 깨달을 수 있게 해 주었다.

한 학기 동안 이루어졌던 이번 봉사활동은 상급학교에 진학할 때 좋은 학교에 가기 위하여 의무적으로 채워야 하는 예전의 봉사활동과는 분명 차원이 달랐다. 처음 교육봉사 사전교육을 들으면서 진정한 봉사활동은 일방적인 도움이 아니라 쌍방 모두에게 기쁨을 주고, 인격적인 발전과 성장을 가져오는 활동이라는 말을 그저 하는 말이라고만 생각했고, 전혀 와 닿지 않았다. 내가 그동안 해 왔던 봉사활동이 진짜 봉사활동이라고 믿고 있었기 때문에 봉사활동이라는 것은 그저 귀찮을 뿐인 의무였다. 그렇지만 한 학기 동안 특수학교에 봉사활동을 다녀 보니 그 말이 그저 하는 말이 아니라는 것을 알게 되었다. 물론 몸은 고되고 시간을 많이 쓰기는 했지만, 그만큼 보람이 있는 일이었다.

워낙 내 성격이 내향적이라 처음에는 아이들에게 다가가지도 못하고, 그저 선생님들이 시키는 대로만 움직일 뿐이었다. 활발한 성격을 가진 다른 봉사자가 맡은 아이와 적극적으로 뛰어놀고 대화를 나누는 것을 보며 나는 왜 저러지 못할까 한탄만 하고 있었다. 그렇지만 거의 한 학기 동안 같은 장소에 봉사활동을 다니다 보니 아이들 한 명 한 명의 개성을 알게 되었고, 마음을 나누면서 진심으로 봉사를 할 수 있게 되었다. 그만큼 아이들과 친해질 수도 있었다. 물론 봉사활동이 익숙해진 덕분이기도 했겠지만, 내 태도에 대한 반성과 성찰이 있었기에 얻을 수 있는 보람이었을 것이다.

말했다시피 봉사활동 초반에는 내성적인 성격 탓에 수동적으로 교사가 시키는 일을 하고, 시키지 않으면 무엇을 해야 할지 몰라 어색하게 서 있기만 했었다. 봉사가 끝나고 집으로 돌아가는 길에 생각해 보니 이렇게 봉사활동을 하다가는 60시간의 봉사활동을 채운다 하여도 시간만 낭비할 뿐 전혀 느끼는 것이 없겠다

싶었다. 다음에 봉사를 가게 되면 조금 힘들더라도 내가 먼저 아이들에게 다가가 말을 걸고, 많은 대화를 나누며 진정으로 아이들이 원하는 것이 무엇인지를 알고 봉사활동을 하리라 마음먹었다.

두 번째로 봉사활동을 갔을 때부터는 그러한 다짐을 잘 실행하지 않았나 싶다. 평소 같으면 절대 그럴 일이 없었겠지만, 내가 맡은 학생에게 먼저 말을 걸고, 함께 이야기를 나누면서 취미를 나누고는 왠지 모를 기쁨을 느꼈다. 그 뒤로도 아이들의 특성 하나하나를 파악하고, 말을 하지 않아도 무엇이 필요한지를 느낄 수 있게 되면서 기쁨은 더해 갔다. 정서적으로 보람을 느낀 것과 함께 처음에는 크게 도움이 되지 않을 것이라 생각했던 것과는 달리, 지식적으로도 유능한 교사가 지니고 있어야 할 능력도 배울 수 있었다.

뿐만 아니라 평소 장애인에 대해 가지고 있었던 편견을 깰 수 있는 기회도 있었다. 그들도 대다수의 일반인들처럼 음악과 미술, 예술을 사랑하고, 남들보다 잘하는, 타고난 재능이 하나씩은 있다는 것을 느낄 수 있었다. 장애 학생들도 그 또래의 어린이들처럼 뛰어노는 것을 좋아한다는 사실도 새삼 깨달았다.

오랫동안 한곳에 봉사활동을 다니다 보니 정도 많이 든 것 같다. 유독 기억에 남는 학생을 들자면 방학 중 계절학교에서 1주일 정도 맡았던 여자아이이다. 수업시간에도 항상 옆에 앉아 나의 보조를 맡았고, 화장실에 갈 때나 이동 중에도 손을 잡고 함께 다녔다. 나와 정이 많이 들었는지 다른 봉사자가 여자아이의 손을 잡으면 뿌리치고 나에게 달려오는 것을 보고 가슴이 짠했다. 그 학생뿐만 아니라 내가 맡았던 학생들의 이름 하나하나가 시간이 제법 흐른 지금도 기억이 난다.

이렇게 한 학기, 총 60시간의 봉사활동을 마치고 나니 많은 것을 느낄 수 있었다. 보람도 느끼고, 봉사 대상이었던 영지학교 학생들과 정도 많이 들었을뿐만 아니라 남에게 봉사를 하며 기쁨을 느끼는 법도 배웠다. 봉사활동을 하기 전에는 그렇게 와 닿지 않았던, 진정한 봉사활동은 일방적인 것이 아니라 봉사를 받는 사람과 봉사를 하는 사람 모두에게 기쁨을 줄 수 있는 것이어야 한다는 것이 피부에 와 닿았다. 앞으로 이 과목을 수강하게 될 학생들에게 이 말을 전하고 싶다. "어차피 60시간을 채워야 한다면 시간 낭비라는 생각이 들지 않도록 진심으로 기쁨을 느낄 수 있도록 마음을 다해 실행하는 것이 좋지 않을까?"라는 말을 조심스럽게 하고 싶다.

참고문헌

강영삼(1994). 장학론. 서울: 세영사.

고홍월, 김은하, 두경희(2010). 교육봉사: 교육을 통한 나눔의 실천. 서울: 학지사.

권중돈, 조학래, 김기수(2008). 자원봉사의 이해와 실천. 서울: 학지사.

김계현(1997). 상담심리학: 적용영역별 접근(2판). 서울: 학지사.

김동배(2005). 시민사회와 자원봉사. 서울: 학지사.

김진한(2009). 교사를 위한 교직실무. 서울: 학지사.

문창배, 조정원, 박정환(2009). 커뮤니케이션기반 u-포트폴리오 시스템. 한국정보처리학회지, 16(5), 63-69.

문창배, 박정환, 전경애, 김해영, 마지순(2010). 수업 행동 분석 포트폴리오 시스템을 경험한 교수자의 행동변화가 주는 의미. 순천향 인문과학논총, 26, 275-311.

박정환(2001). 온라인 디지털 포트폴리오 평가를 위한 시스템 개발 연구. 한국교원대학교 대학원 박사학위논문.

박정환, 문창배(2011). u-Campus 환경에서 교수능력 향상을 위한 교수평가 시스템 설계 및 개발. 한국산학기술학회 논문지, 12(5), 2124-2132.

백순근(1997). 수행평가의 이론적 기초, 수행평가의 이론과 실제. 한국교육평가연구회(편). 학술세미나발표논문집.

이성록(1996). 제4의 물결 자원봉사. 서울: 학문사.

이해경(2008). 자기장학용 수업행동진단 시스템 설계 및 개발. 한국교원대학교 대학원 석사학위논문.

조병효(1993). 현대장학론. 서울: 교육과학사.

조용하(2008). 대학교육과 봉사학습: 이론적 관점과 실제. 서울: 학지사.

주삼환(1996). 장학론. 서울: 문음사.

한국청소년개발원(2005). 청소년복지론. 서울: 교육과학사.

한허정(2006). 조직 중간관리자의 코칭 역량에 관한 연구. 서울대학교 대학원 석사학위논문.

홍경자, 김창대, 박경애, 장미경(2002). 청소년집단상담의 운영. 한국청소년상담원.

황소연 옮김(2004). 부하의 능력을 열두 배 키워주는 마법의 코칭. 새로운 제안.

http://www.visionschool.or.kr/ (강교수 비전스쿨)

Chickering, A. W. (1969). *Education and Identity.* San Francisco: Jossey-Bass.

Chickering, A. W., & Reisser, L. (1993). *Education and Identity.* (2nd ed.). San Francisco: Jossey-Bass.

Collins, A. (1992). Portfolios for science education: Issues in purpose, structure, and authenticity. *Science Education, 76*(4), 451-463.

Conrad, D., & Hedin, D. (1989). High school community service: A review of research and programs. Madison, WI: National Center on Effective Secondary Schools, University of Wisconsin-Madison.

Feuer, M., & Fulton, K. (1993). The many faces of performance assessment, *Phi Delta Kappan, 74,* 478.

Hodgetts, W., & Knudson, M. J. (1993). Maximizing coaching effectiveness: Coaching internally vs. externally. Paper presented at The Coaching and Mentoring Conference, Linkage, Inc., Washington, D. C.

King, P. M. (1978). "William Perry's Theory of Intellectual and Ethical Development." In L. Knefelkamp, C. Widick, and C. A. Paker (eds.), *Apply New Developmental Findings.* New Directions for Student Services, no.4. San Francisco: Jossey-Bass.

Knefelkamp, L., Widick, C., & Paker, C. A. (1978). "Editors' Notes: Why Brother with Theory?" In. L. Knefelkamp, L., Widick, C., & Paker, C. A. (eds.), *Apply New Developmental Findings.* New Directions for Student Services, no.4. San Francisco: Jossey-Bass.

Kolb, D. A. (1981). "Learning Style and Disciplinary Difference." In A. W. Chickering and Associates, *The Modern American College.* San Francisco: Jossey-Bass.

Kolb, D. A. (1984). *Experiential Learning.* Englewood Cliffs, N.J.: Prentice Hall.

Krumboltz, J. D., Mitchell, A. M., & Jones, G. B. (1976). "A Social Learning Theory of Career Selection." *Counseling Psychologist, 6*(1), 71-81.

Levinson, H. (1996). Executive coaching. *Consulting Psychology Journal, 48,* 115-123.

Meyer, C. A. (1992). What's the difference between authentic & performance assessment? *Educational Leadership, 49*(8), 39-40.

Murphy, S., & Smith, M. A. (1992). *Writing portfolio: A dirge from teaching to assessment.* Ontario: Pidgin Publishing Unlimited.

Paulson, F, L., Paulson, P. R., & Meyer, C. A. (1991). What makes a portfolio a portfolio? *Educational Leadership, 48*(5), 60–63.

Perry, W. G., Jr. (1970). *Forms of Intellectual and Ethical Development in the College Years: Ascheme.* Austin, Tex.: Holt, Rinehart and Winston.

Perry, W. G., Jr. (1981). "Cognitive and Ethical Growth: The Making of Meaning." In A. W. Chicking and Associates, *The Modern American College.* San Francisco: Jossey–Bass.

Phelps, A. J., LaPorte, M., & Mahood, A. (1997). Portfolios assessment in high school chemistry: One teacher's guidelines. *Journal of Chemical Education, 74*(5), 528–531.

Sanford, N. (1962). "Development Status of the Entering Freshman." In N. Sanford (ed.), *The American College.* New York: Wiley.

Sanford, N. (1967). *Where colleges Fail: A Study of Student as a Person.* San Francisco: Jossey–Bass.

Shackelford, R. L. (1996). Student Portfolio: A process/product learning and assessment strategy. *The Technology Teacher, 55*(8), 31–36.

Wiggins. G. (1989). A true test: Toward more authentic and equitable assessment. *Phi Delta Kappan, 70*, 703–713.

Whitmore, J. (2004). *Coaching for performance: growing people, performance and purpose.* London: Nicholas brealey publishing.

부록

1. 교육봉사 관련 ○, × 퀴즈
2. 레포형성 및 주의집중을 위한 참고자료
3. 교육봉사활동 운영 지침(안)
4. 교육봉사 신청서
5. 교육봉사활동 프로젝트

부록 1: 교육봉사 관련 ○, × 퀴즈

1 자원봉사자는 자신의 기능과 시간을 자발적이고 무보수로 제공하는 사람들이다. ( )

2 교육봉사는 일방적인 활동이라기보다 상호교류적인 관계이며, 교육봉사자와 봉사를 받는 사람 간에 가르침을 주는 동시에 배움을 느끼게 된다. ( )

3 교육봉사활동 중 알게 된 대상자의 개인적인 일이나 기관의 비밀을 잘 지켜야 한다. ( )

4 교육봉사 활동 시 적극적이고 책임감 있는 자세로 활동에 임해야 한다. ( )

5 자원봉사의 특성을 교육과 관련지어 제시해 보면 자발성, 이타성, 무보수성, 지속성, 조직성이라는 다섯 가지 특성으로 설명할 수 있다. ( )

6 봉사활동은 남들이 찾아가기 어려운 곳에 가서, 힘든 일부터 시작하는 것이 좋다. ( )

7 생활지도는 예방보다는 치료에 역점을 둔다. ( )

8 나의 관심사가 무엇이냐 하는 문제는 봉사활동을 할 때 생각해야 할 중요한 사항이다. ( )

9 교육봉사활동은 인성발달 측면에서 청소년에게 바람직한 영향을 줄 수 있다. ( )

10 봉사활동을 하는 분야가 아동과 관련된 분야일 때 내가 아동에 대해 잘 알고 있다면 사전에 교육을 받지 않아도 괜찮다. ( )

11 교육봉사활동은 자발적으로 하는 것이므로 내가 하기 싫을 때에는 안 해도 된다. ( )

12 부득이한 사정으로 인해 약속된 날짜, 시간에 봉사활동을 하지 못하게 될 경우에는 반드시 기관의 담당자나 상대방에게 연락해야 한다. ( )

13 도움을 필요로 하는 사람이 원하는 것을 다 해 주어야 한다. ( )

14 교과이든, 비교과이든 학생들에게 할 수 있다는 자신감을 심어 주는 것은 그 자체로도 매우 의미 있다고 하겠다. ( )

15 봉사활동은 희생하는 정신이 중요하므로 힘든 일이 있어도 선생님께 얘기하는 것보다 혼자 참고 삭이는 게 좋다. ( )

16 교육봉사활동은 동기는 자발적이지만 업무는 정확하게 수행해야 함을 인지한다. ( )

17 주어진 과업 외에도 자발적, 적극적으로 일을 찾아서 하려는 태도가 필요하다. 그러나 다른 영역에서의 지나친 간섭은 피해야 한다. ( )

18 교육봉사활동 장소에 도착하면 기관에 알리고, 담당교사의 지시를 받아 활동을 시작해야 하며, 활동을 마친 후에도 기관에 알린 다음 정확하게 마무리해야 한다. ( )

19 활동 장소에서는 개인적으로 사진촬영을 해서는 안 되며, 부득이하게 사진촬영이 필요할 경우에는 미리 허락을 받도록 한다. ( )

20 교육봉사활동을 통하여 자신이 성장했다는 자부심과 함께 아이들이 발전하는 모습을 보며 행복과 보람을 느낄 것이라 생각된다. ( )

부록 2: 레포형성 및 주의집중을 위한 참고자료

난센스 퀴즈

난센스 퀴즈는 일명 두뇌회전 퀴즈라고도 한다. 집중력을 고취하고 두뇌회전에 도움을 준다. 유의할 점은 대상에 따라 선별하여 적용한다.

1 우리나라 최초의 돌팔이 의사는: 흥부 (이유는 제비 다리를 고쳐 주어서)
2 세계에서 가장 큰 모자를 쓰는 사람은: 머리가 가장 큰 사람
3 닭은 왜 한쪽 다리를 들고 설까: 두 다리를 모두 들고 설 수는 없기 때문에
4 아프지도 않은데 집에서 매일 쓰는 약은: 치약
5 겁 주고 약 주는 행위는: 약 광고
6 아무리 빨리 달려도 한 번도 앞서 보지 못하는 것: 뒷바퀴
7 이 세상에 태어나서 단 한 번 먹고 입을 다물어 버리는 것: 편지 봉투
8 병균 중에 가장 무섭고 센 병균은: 대장균
9 흑인과 백인 사이에 갓 태어난 아기의 치아 색은: 치아가 없다.
10 남편의 말에 무조건 복종하는 각시는: 꼭두각시
11 밤에 불을 켜면 재빨리 도망치는 것은: 어둠
12 도둑은 어떤 돈을 훔치나: 슬그머니
13 '우리에게 내일은 없다.'라는 말은 누가 한 말인가: 하루살이
14 해 위에 달이 뜨면: 해 깔린다.

15 여행을 하다 돈이 떨어지면 제일 먼저 어떻게 해야 하나: 얼른 줍는다.

16 천당과 지옥을 가는 사람은 어떤 사람인가: 죽은 사람

17 소와 개와 소가 나란히 어디로 가고 있을까: 소개소

18 성형수술로 미남미녀가 된 부부 사이에서는 어떤 아이가 태어날까: 갓난아기

19 아라비아 숫자에서 0과 9를 빼면: 영구 없다.

20 재벌 2세가 되는 비결은: 아버지의 이름을 재벌로 바꾼다.

O . X 게임

1 윤선도의 〈오우가〉중 다섯 벗이란 물, 돌, 소나무, 대나무, 달이다. (○)

2 셰익스피어의 4대 비극의 하나인 〈리어왕〉의 주인공에게는 4명의 딸이 있다. (×) (3명이다. 코네릴, 리건, 코델리아)

3 말도 잠을 잘 때 코를 곤다. (○)

4 셰익스피어의 희곡 〈햄릿〉의 주인공인 햄릿은 덴마크의 왕자다. (○)

5 바늘 한 쌈은 모두 20개다. (×) (대, 중, 소 바늘이 각각 8개씩 있다. 즉, 24개다.)

6 북두칠성은 시계 방향으로 회전한다. (×)

7 모든 나무에는 나이테가 있다. (×) (열대지방은 기후 차가 없기 때문에 나무의 나이테가 없다.)

8 여의도 국회의사당을 둘러싸고 있는 돌기둥의 수는 모두 36개다. (×) (24절기를 뜻한다.)

9 아라비아 숫자 1부터 100 사이에는 9라는 숫자가 모두 20개 들어 있다. (○)

10 금강산은 4계절마다 불리는 이름이 다르다. (○) (봄: 금강산, 여름: 봉래산, 가을: 풍악산, 겨울: 개골산)

11 42.195km가 마라톤의 정식 거리로 채택된 것은 제1회 아테네 올림픽 때부터다. (×) (제4회 런던 올림픽)

12 우리나라에서 최초로 지정된 국립공원은 지리산이다. (○)

13 용도 십장생에 포함된다. (×) (해, 산, 물, 돌, 구름, 소나무, 불로초, 거북, 학, 사슴)

14 딸기는 딸기과에 속한다. (×) (장미과의 다년생 초본 식물이다.)

15 인터넷 중독은 내성, 금단, 일상생활의 장애가 수반된다. (○)

부록 3: 교육봉사활동 운영 지침(안)

제1조 (목적) 이 지침은 교원자격검정령 개정으로 2009학년도 입학자부터 '교육봉사활동' 교과목이 교직과목으로 편성됨에 따라 교육봉사활동 교과목 이수에 관한 사항을 정함을 목적으로 한다.

제2조 (이수 대상)

가. 2009학년도 이후 입학(2011학년도 이후 편입자 포함)한 비사범계대학 교직과정 이수자

나. 2009학년도 이후 교육대학원 입학자 중 교원자격증 취득 희망자

제3조 (교육봉사활동 교과목 개설)

가. 교육봉사활동 교과목은 교육대학원 교육학과에서 개설하며 매학기 개설을 원칙으로 한다.

나. 교육봉사활동 교과목 이수학점은 2학점으로 하며, 학기당 총 60시간 이상으로 한다.

제4조 (수강신청)

가. 교육봉사활동 교과목을 수강신청 하고자 하는 학생은 당해 학기의 수강신청 기간에 접수하여야 한다.

나. 교육봉사활동 교과목을 이수하고자 하는 학생은 교육봉사기관을 본인이 선정하여 교육봉사활동 신청서와 수강신청 내역을 작성하여 교육대학원 교육학과에 제출한다. 단, 교육학과가 교육봉사기관을 배정할 수도 있다.

제5조 (교육봉사활동 교과목 운영)

가. 교육봉사활동 교과목 수강자들에게 6시간 이내로 오리엔테이션 및 이론 강의 등을 실시할 수 있다.

나. 학생이 교육봉사기관에서 교육봉사활동을 실시하는 중에 교육봉사활동 교과목 전담 교원으로부터 코칭, 상담 및 지도를 받을 수 있다.

다. 교육봉사활동 교과목의 평가는 교육대학원 교육학과에서 평가한다.

라. 기타 운영에 필요한 사항은 교육대학원 교육학과에서 정할 수 있다.

제6조 (교육봉사활동 담당교원 및 운영요원)

가. 교육봉사활동 교과목의 담당은 교육대학원 교육학과 학과장이 담당하는 것을 원칙으로 한다. 담당교원은 교과목의 효율적 운영을 위해 운영요원을 둘 수 있다.

제7조 (이수 인정 및 성적 표기)

가. 교육봉사활동 교과목을 수강한 학생은 해당 학기 종강 일주일 전까지 교육봉사확인서와 교육봉사활동 포트폴리오를 교육대학원 교육학과에 제출한다.

나. 해당 학기 중에 교육봉사활동 60시간을 이수하지 못한 경우, 계절수업 종료 시까지(방학 종료 2주 전까지) 교육봉사확인서와 교육봉사활동 포트폴리오를 교육대학원 교육학과에 제출한다.

다. 교육봉사기관의 사정으로 계속하여 교육봉사활동을 이수할 수 없는 경우에는 교육봉사기관 변경신청서를 제출하여 교육학과장의 허가를 받아 타 교육봉사기관에서 잔여시간을 채울 수 있다.

라. 교육봉사활동 과목의 평가는 P(Pass)/F(Fail)로 하고, 'P'를 이수성적으로 하여 학점을 인정한다.

마. 평가에서 F학점을 받은 경우에는 재이수 신청을 하고, 이전에 실시한 교육봉사활동 시간은 봉사 시간으로 인정할 수 있다. 단, 기존에 실시한 봉사시간을 인정받고자 할 경우에는 교육봉사활동 기관으로부터 교육봉사활동 시간 인정서를 제출해야 한다.

제8조 (교육봉사활동 인정기관 및 유형)

교육봉사는 유아교육법, 초 · 중등교육법, 고등교육법, 평생교육법 등에 의하여 설립된 학교 또는 학력인정시설이나 전공분야와 관련된 사회교육기관(시설)에서 인정한 보조교사나 봉사활동 또는 참여관찰 등을 포함할 수 있고, 인정기관 및 유형은 다음 각호와 같다.

가. 교육기관: 유치원, 초 · 중 · 고 · 특수학교에서 교사도우미(참여관찰 포함), 방과 후 교사, 등하교 지도, 부진아 학생지도, 멘토링, 장애아 봉사, 튜터링, 외국인을 위한 한국어 교육

나. 사회복지기관: 청소년을 대상으로 한 교수학습, 멘토링

다. 교육봉사활동 대상 학교 및 기관은 학생이 선정하는 것을 원칙으로 하나, 대학이 대상학교를 선정할 수 있으며, 취득하고자 하는 교사자격증과 교육봉사활동의 학교급이 일치하지 않아도 가능(사범대학생이 초등학교에서 활동 가능)

라. 교육봉사활동 기관에서 지출하는 식비, 교통비 이외의 급여를 지급받는 활동은 교육봉사활동에서 제외

제9조 (교육봉사활동 면제)

표시과목과 상관없이 중등 2급 이상의 교사자격증을 소지한 경우에는 교육봉사활동을 면제한다.

부 칙

이 지침은 공포한 날부터 시행한다.

부록 4: 교육봉사 신청서

■ 교육봉사활동 신청자 인적사항

학과(전공)		학 번		학 기	
성 명		주민등록번호		성 별	
주 소					
연락처		e-mail			
교육봉사 활동시기	학년　　학기	교육봉사 활동기간	년　　월 ~　　　년　　월		

■ 교육봉사활동 학교

학교(기관/단체)명	
소재지	
전화번호	
봉사활동 내용	

상기의 학생에게 (　　　　　　)학교에서 교육봉사활동을 허가합니다.

20　.　.　.

장 (인)

위와 같이 교육봉사활동을 신청합니다.

20　.　.　.

신청자:　　　　(인)

학과장:　　　　(인)

(주임교수)

사범대학장 귀하

결재	담 당	실 장	부학장	학(원)장

부록 5: 교육봉사활동 프로젝트

훌륭한 교사를 위한

교육봉사활동 프로젝트

활동 포트폴리오

실습학생	대학(원): 학과(전공): 성명:
실습장소	
실습교과목	
지도교사	

교육봉사활동 프로젝트

교육봉사활동 기간: 년 월 일 ~ 월 일

교육봉사활동을 통해 나의 삶을 주도적으로 살고자 한다. 내 목표의 끈이 끊어지지 않도록 하기 위해서 나는 오늘부터 정기적으로 크고 작은 목표들을 쓰면서 반드시 실행에 옮기도록 할 것이다.

프로젝트의 목표: ______________________________

____

____

■ 세부 계획

순 번	목 표	활동 내용	비 고
1회			
2회			
3회			
4회			
5회			
6회			

7회			
8회			
9회			
10회			
11회			
12회			
13회			
14회			
15회			
16회			
17회			
18회			
19회			
20회			

■ 효율적인 교육봉사활동을 위하여

1. 정신적으로 반드시

2. 신체적으로 반드시

3. 진로와 관련하여 반드시

4. 친구, 이웃, 사회를 위해서 반드시

(1회) 교육봉사활동 계획서

구체적인 목표는 구체적인 결과를 가져온다.
막연한 목표는 아무런 결과도 가져오지 않는다.

인적사항	대학교 학과 학년 이름:
활동일시	20 년 월 일 시 ~ 시 예정시간(시간)
활동명	
활동목적	
활동동기 (내가 이 활동을 해야만 하는 이유)	
활동장소	
봉사활동 내용 (목적 성취를 위해 수행해야 할 구체적인 내용과 과제)	
준비사항	
유의사항	

위와 같이 봉사활동을 하고자 계획서를 제출합니다.

20 년 월 일

성명: ________________(서명)

(1회) 교육봉사활동 보고서

인적사항	대학교 학과 학년 이름:
활동일시	20 년 월 일 시 ~ 시 예정시간(시간)
활동명	
활동목적	
활동동기 (내가 이 활동을 해야만 하는 이유)	
활동장소	

봉사활동 내용 (목적 성취를 위해 수행한 구체적인 내용과 과제)	
관련 사진	

새로 알게 된 사실이나 인상 깊었던 점, 느낀 점 (효율적 교사의 시사점)	
자기성찰	
동료평가, 멘토링	
전문가 코칭	

위와 같이 교육봉사활동 보고서를 제출합니다.

20　　년　　월　　일

성명: ______________(서명)

위와 같이 교육봉사활동을 실시하였습니다.

20　　년　　월　　일

기관명: 확인자 __________________　성명 ______________(서명)

(2회) 교육봉사활동 계획서

구체적인 목표는 구체적인 결과를 가져온다.
막연한 목표는 아무런 결과도 가져오지 않는다.

인적사항	대학교 학과 학년 이름:
활동일시	20 년 월 일 시 ~ 시 예정시간(시간)
활동명	
활동목적	
활동동기 (내가 이 활동을 해야만 하는 이유)	
활동장소	
봉사활동 내용 (목적 성취를 위해 수행해야 할 구체적인 내용과 과제)	
준비사항	
유의사항	

위와 같이 봉사활동을 하고자 계획서를 제출합니다.

20 년 월 일

성명: ________________(서명)

(2회) 교육봉사활동 보고서

인적사항	대학교 학과 학년 이름:
활동일시	20 년 월 일 시 ~ 시 예정시간(시간)
활동명	
활동목적	
활동동기 (내가 이 활동을 해야만 하는 이유)	
활동장소	

봉사활동 내용 (목적 성취를 위해 수행한 구체적인 내용과 과제)	
관련 사진	

새로 알게 된 사실이나 인상 깊었던 점, 느낀 점 (효율적 교사의 시사점)	
자기성찰	
동료평가, 멘토링	
전문가 코칭	

위와 같이 교육봉사활동 보고서를 제출합니다.

20　　년　　월　　일

성명: ______________(서명)

위와 같이 교육봉사활동을 실시하였습니다.

20　　년　　월　　일

기관명: 확인자 ____________________ 성명 ______________(서명)

(3회) 교육봉사활동 계획서

구체적인 목표는 구체적인 결과를 가져온다.
막연한 목표는 아무런 결과도 가져오지 않는다.

인적사항	대학교 학과 학년 이름:
활동일시	20 년 월 일 시 ~ 시 예정시간(시간)
활동명	
활동목적	
활동동기 (내가 이 활동을 해야만 하는 이유)	
활동장소	
봉사활동 내용 (목적 성취를 위해 수행해야 할 구체적인 내용과 과제)	
준비사항	
유의사항	

위와 같이 봉사활동을 하고자 계획서를 제출합니다.

20 년 월 일

성명: ________________(서명)

(3회) 교육봉사활동 보고서

인적사항	대학교　　　학과　　　학년　　이름:
활동일시	20　　년　　월　　일　　시 ~　　시　예정시간(　　시간)
활동명	
활동목적	
활동동기 (내가 이 활동을 해야만 하는 이유)	
활동장소	

봉사활동 내용 (목적 성취를 위해 수행한 구체적인 내용과 과제)	
관련 사진	

새로 알게 된 사실이나 인상 깊었던 점, 느낀 점 (효율적 교사의 시사점)	
자기성찰	
동료평가, 멘토링	
전문가 코칭	

위와 같이 교육봉사활동 보고서를 제출합니다.

20　　　년　　　월　　　일

성명: ______________(서명)

위와 같이 교육봉사활동을 실시하였습니다.

20　　　년　　　월　　　일

기관명: 확인자 __________________ 성명 ______________(서명)

(4회) 교육봉사활동 계획서

구체적인 목표는 구체적인 결과를 가져온다.
막연한 목표는 아무런 결과도 가져오지 않는다.

인적사항	대학교 학과 학년 이름:
활동일시	20 년 월 일 시 ~ 시 예정시간(시간)
활동명	
활동목적	
활동동기 (내가 이 활동을 해야만 하는 이유)	
활동장소	
봉사활동 내용 (목적 성취를 위해 수행해야 할 구체적인 내용과 과제)	
준비사항	
유의사항	

위와 같이 봉사활동을 하고자 계획서를 제출합니다.

20 년 월 일

성명: ________________(서명)

(4회) 교육봉사활동 보고서

인적사항	대학교 학과 학년 이름:
활동일시	20 년 월 일 시 ~ 시 예정시간(시간)
활동명	
활동목적	
활동동기 (내가 이 활동을 해야만 하는 이유)	
활동장소	

봉사활동 내용 (목적 성취를 위해 수행한 구체적인 내용과 과제)	
관련 사진	

새로 알게 된 사실이나 인상 깊었던 점, 느낀 점 (효율적 교사의 시사점)	
자기성찰	
동료평가, 멘토링	
전문가 코칭	

위와 같이 교육봉사활동 보고서를 제출합니다.

20 년 월 일

성명: ______________(서명)

위와 같이 교육봉사활동을 실시하였습니다.

20 년 월 일

기관명: 확인자 ____________________ 성명 ______________(서명)

(5회) 교육봉사활동 계획서

구체적인 목표는 구체적인 결과를 가져온다.
막연한 목표는 아무런 결과도 가져오지 않는다.

인적사항	대학교 학과 학년 이름:
활동일시	20 년 월 일 시 ~ 시 예정시간(시간)
활동명	
활동목적	
활동동기 (내가 이 활동을 해야만 하는 이유)	
활동장소	
봉사활동 내용 (목적 성취를 위해 수행해야 할 구체적인 내용과 과제)	
준비사항	
유의사항	

위와 같이 봉사활동을 하고자 계획서를 제출합니다.

20 년 월 일

성명: ________________(서명)

(5회) 교육봉사활동 보고서

인적사항	대학교 학과 학년 이름:
활동일시	20 년 월 일 시 ~ 시 예정시간(시간)
활동명	
활동목적	
활동동기 (내가 이 활동을 해야만 하는 이유)	
활동장소	

봉사활동 내용 (목적 성취를 위해 수행한 구체적인 내용과 과제)	
관련 사진	

새로 알게 된 사실이나 인상 깊었던 점, 느낀 점 (효율적 교사의 시사점)	
자기성찰	
동료평가, 멘토링	
전문가 코칭	

위와 같이 교육봉사활동 보고서를 제출합니다.

20　　년　　월　　일

성명: ________________(서명)

위와 같이 교육봉사활동을 실시하였습니다.

20　　년　　월　　일

기관명: 확인자 ____________________　성명 ________________(서명)

(6회) 교육봉사활동 계획서

구체적인 목표는 구체적인 결과를 가져온다.
막연한 목표는 아무런 결과도 가져오지 않는다.

인적사항	대학교 학과 학년 이름:
활동일시	20 년 월 일 시 ~ 시 예정시간(시간)
활동명	
활동목적	
활동동기 (내가 이 활동을 해야만 하는 이유)	
활동장소	
봉사활동 내용 (목적 성취를 위해 수행해야 할 구체적인 내용과 과제)	
준비사항	
유의사항	

위와 같이 봉사활동을 하고자 계획서를 제출합니다.

20 년 월 일

성명: ________________(서명)

(6회) 교육봉사활동 보고서

인적사항	대학교 학과 학년 이름:
활동일시	20 년 월 일 시 ~ 시 예정시간(시간)
활동명	
활동목적	
활동동기 (내가 이 활동을 해야만 하는 이유)	
활동장소	

봉사활동 내용 (목적 성취를 위해 수행한 구체적인 내용과 과제)	
관련 사진	

새로 알게 된 사실이나 인상 깊었던 점, 느낀 점 (효율적 교사의 시사점)	
자기성찰	
동료평가, 멘토링	
전문가 코칭	

위와 같이 교육봉사활동 보고서를 제출합니다.

20　　　년　　　월　　　일

성명: ______________(서명)

위와 같이 교육봉사활동을 실시하였습니다.

20　　　년　　　월　　　일

기관명: 확인자 __________________　성명 ______________(서명)

(7회) 교육봉사활동 계획서

구체적인 목표는 구체적인 결과를 가져온다.
막연한 목표는 아무런 결과도 가져오지 않는다.

인적사항	대학교 학과 학년 이름:
활동일시	20 년 월 일 시 ~ 시 예정시간(시간)
활동명	
활동목적	
활동동기 (내가 이 활동을 해야만 하는 이유)	
활동장소	
봉사활동 내용 (목적 성취를 위해 수행해야 할 구체적인 내용과 과제)	
준비사항	
유의사항	

위와 같이 봉사활동을 하고자 계획서를 제출합니다.

20 년 월 일

성명: ________________(서명)

(7회) 교육봉사활동 보고서

인적사항	대학교　　　　　　학과　　　　　학년　　이름:
활동일시	20　　　년　　　월　　　일　　　시 ~　　　　시　예정시간(　　　　시간)
활동명	
활동목적	
활동동기 (내가 이 활동을 해야만 하는 이유)	
활동장소	

봉사활동 내용 (목적 성취를 위해 수행한 구체적인 내용과 과제)	
관련 사진	

새로 알게 된 사실이나 인상 깊었던 점, 느낀 점 (효율적 교사의 시사점)	
자기성찰	
동료평가, 멘토링	
전문가 코칭	

위와 같이 교육봉사활동 보고서를 제출합니다.

20　　년　　월　　일

성명: ______________(서명)

위와 같이 교육봉사활동을 실시하였습니다.

20　　년　　월　　일

기관명: 확인자 __________________ 성명 ______________(서명)

(8회) 교육봉사활동 계획서

구체적인 목표는 구체적인 결과를 가져온다.
막연한 목표는 아무런 결과도 가져오지 않는다.

인적사항	대학교 학과 학년 이름:
활동일시	20 년 월 일 시 ~ 시 예정시간(시간)
활동명	
활동목적	
활동동기 (내가 이 활동을 해야만 하는 이유)	
활동장소	
봉사활동 내용 (목적 성취를 위해 수행해야 할 구체적인 내용과 과제)	
준비사항	
유의사항	

위와 같이 봉사활동을 하고자 계획서를 제출합니다.

20 년 월 일

성명: ________________(서명)

(8회) 교육봉사활동 보고서

인적사항	대학교 학과 학년 이름:
활동일시	20 년 월 일 시 ~ 시 예정시간(시간)
활동명	
활동목적	
활동동기 (내가 이 활동을 해야만 하는 이유)	
활동장소	

봉사활동 내용 (목적 성취를 위해 수행한 구체적인 내용과 과제)	
관련 사진	

새로 알게 된 사실이나 인상 깊었던 점, 느낀 점 (효율적 교사의 시사점)	
자기성찰	
동료평가, 멘토링	
전문가 코칭	

위와 같이 교육봉사활동 보고서를 제출합니다.

20　　년　　월　　일

성명: ______________(서명)

위와 같이 교육봉사활동을 실시하였습니다.

20　　년　　월　　일

기관명: 확인자 ______________　　성명 ______________(서명)

(9회) 교육봉사활동 계획서

구체적인 목표는 구체적인 결과를 가져온다.
막연한 목표는 아무런 결과도 가져오지 않는다.

인적사항	대학교 학과 학년 이름:
활동일시	20 년 월 일 시 ~ 시 예정시간(시간)
활동명	
활동목적	
활동동기 (내가 이 활동을 해야만 하는 이유)	
활동장소	
봉사활동 내용 (목적 성취를 위해 수행해야 할 구체적인 내용과 과제)	
준비사항	
유의사항	

위와 같이 봉사활동을 하고자 계획서를 제출합니다.

20 년 월 일

성명: ______________(서명)

(9회) 교육봉사활동 보고서

인적사항	대학교 학과 학년 이름:
활동일시	20 년 월 일 시 ~ 시 예정시간(시간)
활동명	
활동목적	
활동동기 (내가 이 활동을 해야만 하는 이유)	
활동장소	

봉사활동 내용 (목적 성취를 위해 수행한 구체적인 내용과 과제)	
관련 사진	

새로 알게 된 사실이나 인상 깊었던 점, 느낀 점 (효율적 교사의 시사점)	
자기성찰	
동료평가, 멘토링	
전문가 코칭	

위와 같이 교육봉사활동 보고서를 제출합니다.

20　　년　　월　　일

성명: ______________(서명)

위와 같이 교육봉사활동을 실시하였습니다.

20　　년　　월　　일

기관명: 확인자 ________________　성명 ______________(서명)

(10회) 교육봉사활동 계획서

구체적인 목표는 구체적인 결과를 가져온다.
막연한 목표는 아무런 결과도 가져오지 않는다.

인적사항	대학교 학과 학년 이름:
활동일시	20 년 월 일 시 ~ 시 예정시간(시간)
활동명	
활동목적	
활동동기 (내가 이 활동을 해야만 하는 이유)	
활동장소	
봉사활동 내용 (목적 성취를 위해 수행해야 할 구체적인 내용과 과제)	
준비사항	
유의사항	

위와 같이 봉사활동을 하고자 계획서를 제출합니다.

20 년 월 일

성명: ________________(서명)

(10회) 교육봉사활동 보고서

인적사항	대학교　　　학과　　　학년　이름:
활동일시	20　　년　　월　　일　　시 ~　　시　예정시간(　　시간)
활동명	
활동목적	
활동동기 (내가 이 활동을 해야만 하는 이유)	
활동장소	

봉사활동 내용 (목적 성취를 위해 수행한 구체적인 내용과 과제)	
관련 사진	

<table>
<tr><td>새로 알게 된
사실이나
인상 깊었던 점,
느낀 점
(효율적 교사의
시사점)</td><td></td></tr>
<tr><td>자기성찰</td><td></td></tr>
<tr><td>동료평가,
멘토링</td><td></td></tr>
<tr><td>전문가 코칭</td><td></td></tr>
<tr><td colspan="2">위와 같이 교육봉사활동 보고서를 제출합니다.

20　　년　　월　　일

성명: ____________(서명)</td></tr>
<tr><td colspan="2">위와 같이 교육봉사활동을 실시하였습니다.

20　　년　　월　　일

기관명: 확인자 ______________　성명 ____________(서명)</td></tr>
</table>

(11회) 교육봉사활동 계획서

구체적인 목표는 구체적인 결과를 가져온다.
막연한 목표는 아무런 결과도 가져오지 않는다.

인적사항	대학교 학과 학년 이름:
활동일시	20 년 월 일 시 ~ 시 예정시간(시간)
활동명	
활동목적	
활동동기 (내가 이 활동을 해야만 하는 이유)	
활동장소	
봉사활동 내용 (목적 성취를 위해 수행해야 할 구체적인 내용과 과제)	
준비사항	
유의사항	

위와 같이 봉사활동을 하고자 계획서를 제출합니다.

20 년 월 일

성명: ________________(서명)

(11회) 교육봉사활동 보고서

인적사항	대학교 학과 학년 이름:
활동일시	20 년 월 일 시 ~ 시 예정시간(시간)
활동명	
활동목적	
활동동기 (내가 이 활동을 해야만 하는 이유)	
활동장소	

봉사활동 내용 (목적 성취를 위해 수행한 구체적인 내용과 과제)	
관련 사진	

새로 알게 된 사실이나 인상 깊었던 점, 느낀 점 (효율적 교사의 시사점)	
자기성찰	
동료평가, 멘토링	
전문가 코칭	

위와 같이 교육봉사활동 보고서를 제출합니다.

20 년 월 일

성명: ______________(서명)

위와 같이 교육봉사활동을 실시하였습니다.

20 년 월 일

기관명: 확인자 __________________ 성명 ______________(서명)

(12회) 교육봉사활동 계획서

구체적인 목표는 구체적인 결과를 가져온다.
막연한 목표는 아무런 결과도 가져오지 않는다.

인적사항	대학교 학과 학년 이름:
활동일시	20 년 월 일 시 ~ 시 예정시간(시간)
활동명	
활동목적	
활동동기 (내가 이 활동을 해야만 하는 이유)	
활동장소	
봉사활동 내용 (목적 성취를 위해 수행해야 할 구체적인 내용과 과제)	
준비사항	
유의사항	

위와 같이 봉사활동을 하고자 계획서를 제출합니다.

20 년 월 일

성명: ______________(서명)

(12회) 교육봉사활동 보고서

인적사항	대학교　　　학과　　　학년　이름:
활동일시	20　　년　　월　　일　　시 ~　　시　예정시간(　　　시간)
활동명	
활동목적	
활동동기 (내가 이 활동을 해야만 하는 이유)	
활동장소	

봉사활동 내용 (목적 성취를 위해 수행한 구체적인 내용과 과제)	
관련 사진	

<table>
<tr><td>새로 알게 된
사실이나
인상 깊었던 점,
느낀 점
(효율적 교사의
시사점)</td><td></td></tr>
<tr><td>자기성찰</td><td></td></tr>
<tr><td>동료평가,
멘토링</td><td></td></tr>
<tr><td>전문가 코칭</td><td></td></tr>
<tr><td colspan="2">위와 같이 교육봉사활동 보고서를 제출합니다.

20 년 월 일

성명: ______________(서명)</td></tr>
<tr><td colspan="2">위와 같이 교육봉사활동을 실시하였습니다.

20 년 월 일

기관명: 확인자 __________________ 성명 ______________(서명)</td></tr>
</table>

(13회) 교육봉사활동 계획서

구체적인 목표는 구체적인 결과를 가져온다.
막연한 목표는 아무런 결과도 가져오지 않는다.

인적사항	대학교 학과 학년 이름:
활동일시	20 년 월 일 시 ~ 시 예정시간(시간)
활동명	
활동목적	
활동동기 (내가 이 활동을 해야만 하는 이유)	
활동장소	
봉사활동 내용 (목적 성취를 위해 수행해야 할 구체적인 내용과 과제)	
준비사항	
유의사항	

위와 같이 봉사활동을 하고자 계획서를 제출합니다.

20 년 월 일

성명: ________________(서명)

(13회) 교육봉사활동 보고서

인적사항	대학교 학과 학년 이름:
활동일시	20 년 월 일 시 ~ 시 예정시간(시간)
활동명	
활동목적	
활동동기 (내가 이 활동을 해야만 하는 이유)	
활동장소	

봉사활동 내용 (목적 성취를 위해 수행한 구체적인 내용과 과제)	
관련 사진	

<table>
<tr><td>새로 알게 된
사실이나
인상 깊었던 점,
느낀 점
(효율적 교사의
시사점)</td><td></td></tr>
<tr><td>자기성찰</td><td></td></tr>
<tr><td>동료평가,
멘토링</td><td></td></tr>
<tr><td>전문가 코칭</td><td></td></tr>
<tr><td colspan="2">위와 같이 교육봉사활동 보고서를 제출합니다.

20 년 월 일

성명: ________________(서명)</td></tr>
<tr><td colspan="2">위와 같이 교육봉사활동을 실시하였습니다.

20 년 월 일

기관명: 확인자 ______________________ 성명 ________________(서명)</td></tr>
</table>

(14회) 교육봉사활동 계획서

구체적인 목표는 구체적인 결과를 가져온다.
막연한 목표는 아무런 결과도 가져오지 않는다.

인적사항	대학교 학과 학년 이름:
활동일시	20 년 월 일 시 ~ 시 예정시간(시간)
활동명	
활동목적	
활동동기 (내가 이 활동을 해야만 하는 이유)	
활동장소	
봉사활동 내용 (목적 성취를 위해 수행해야 할 구체적인 내용과 과제)	
준비사항	
유의사항	

위와 같이 봉사활동을 하고자 계획서를 제출합니다.

20 년 월 일

성명: ________________(서명)

(14회) 교육봉사활동 보고서

인적사항	대학교　　　　학과　　　　학년　　이름:
활동일시	20　　년　　월　　일　　시 ~　　　시　예정시간(　　　시간)
활동명	
활동목적	
활동동기 (내가 이 활동을 해야만 하는 이유)	
활동장소	

봉사활동 내용 (목적 성취를 위해 수행한 구체적인 내용과 과제)	
관련 사진	

새로 알게 된 사실이나 인상 깊었던 점, 느낀 점 (효율적 교사의 시사점)	
자기성찰	
동료평가, 멘토링	
전문가 코칭	

위와 같이 교육봉사활동 보고서를 제출합니다.

20 년 월 일

성명: ______________(서명)

위와 같이 교육봉사활동을 실시하였습니다.

20 년 월 일

기관명: 확인자 ____________________ 성명 ______________(서명)

(15회) 교육봉사활동 계획서

구체적인 목표는 구체적인 결과를 가져온다.
막연한 목표는 아무런 결과도 가져오지 않는다.

인적사항	대학교 학과 학년 이름:
활동일시	20 년 월 일 시 ~ 시 예정시간(시간)
활동명	
활동목적	
활동동기 (내가 이 활동을 해야만 하는 이유)	
활동장소	
봉사활동 내용 (목적 성취를 위해 수행해야 할 구체적인 내용과 과제)	
준비사항	
유의사항	

위와 같이 봉사활동을 하고자 계획서를 제출합니다.

20 년 월 일

성명: ________________(서명)

(15회) 교육봉사활동 보고서

인적사항	대학교 학과 학년 이름:
활동일시	20 년 월 일 시 ~ 시 예정시간(시간)
활동명	
활동목적	
활동동기 (내가 이 활동을 해야만 하는 이유)	
활동장소	

봉사활동 내용 (목적 성취를 위해 수행한 구체적인 내용과 과제)	
관련 사진	

<table>
<tr><td>새로 알게 된
사실이나
인상 깊었던 점,
느낀 점
(효율적 교사의
시사점)</td><td></td></tr>
<tr><td>자기성찰</td><td></td></tr>
<tr><td>동료평가,
멘토링</td><td></td></tr>
<tr><td>전문가 코칭</td><td></td></tr>
<tr><td colspan="2">위와 같이 교육봉사활동 보고서를 제출합니다.

20 년 월 일

성명: ________________(서명)</td></tr>
<tr><td colspan="2">위와 같이 교육봉사활동을 실시하였습니다.

20 년 월 일

기관명: 확인자 ____________________ 성명 ________________(서명)</td></tr>
</table>

(16회) 교육봉사활동 계획서

구체적인 목표는 구체적인 결과를 가져온다.
막연한 목표는 아무런 결과도 가져오지 않는다.

인적사항	대학교 학과 학년 이름:
활동일시	20 년 월 일 시 ~ 시 예정시간(시간)
활동명	
활동목적	
활동동기 (내가 이 활동을 해야만 하는 이유)	
활동장소	
봉사활동 내용 (목적 성취를 위해 수행해야 할 구체적인 내용과 과제)	
준비사항	
유의사항	

위와 같이 봉사활동을 하고자 계획서를 제출합니다.

20 년 월 일

성명: ________________(서명)

(16회) 교육봉사활동 보고서

인적사항	대학교 학과 학년 이름:
활동일시	20 년 월 일 시 ~ 시 예정시간(시간)
활동명	
활동목적	
활동동기 (내가 이 활동을 해야만 하는 이유)	
활동장소	

봉사활동 내용 (목적 성취를 위해 수행한 구체적인 내용과 과제)	
관련 사진	

새로 알게 된 사실이나 인상 깊었던 점, 느낀 점 (효율적 교사의 시사점)	
자기성찰	
동료평가, 멘토링	
전문가 코칭	

위와 같이 교육봉사활동 보고서를 제출합니다.

20 년 월 일

성명: ______________(서명)

위와 같이 교육봉사활동을 실시하였습니다.

20 년 월 일

기관명: 확인자 __________________ 성명 ______________(서명)

(17회) 교육봉사활동 계획서

구체적인 목표는 구체적인 결과를 가져온다.
막연한 목표는 아무런 결과도 가져오지 않는다.

인적사항	대학교 학과 학년 이름:
활동일시	20 년 월 일 시 ~ 시 예정시간(시간)
활동명	
활동목적	
활동동기 (내가 이 활동을 해야만 하는 이유)	
활동장소	
봉사활동 내용 (목적 성취를 위해 수행해야 할 구체적인 내용과 과제)	
준비사항	
유의사항	

위와 같이 봉사활동을 하고자 계획서를 제출합니다.

20 년 월 일

성명: ________________(서명)

(17회) 교육봉사활동 보고서

인적사항	대학교 학과 학년 이름:
활동일시	20 년 월 일 시 ~ 시 예정시간(시간)
활동명	
활동목적	
활동동기 (내가 이 활동을 해야만 하는 이유)	
활동장소	

봉사활동 내용 (목적 성취를 위해 수행한 구체적인 내용과 과제)	
관련 사진	

새로 알게 된 사실이나 인상 깊었던 점, 느낀 점 (효율적 교사의 시사점)	
자기성찰	
동료평가, 멘토링	
전문가 코칭	

위와 같이 교육봉사활동 보고서를 제출합니다.

20　　년　　월　　일

성명: ________________(서명)

위와 같이 교육봉사활동을 실시하였습니다.

20　　년　　월　　일

기관명: 확인자 ____________________ 성명 ________________(서명)

(18회) 교육봉사활동 계획서

구체적인 목표는 구체적인 결과를 가져온다.
막연한 목표는 아무런 결과도 가져오지 않는다.

인적사항	대학교 학과 학년 이름:
활동일시	20 년 월 일 시 ~ 시 예정시간(시간)
활동명	
활동목적	
활동동기 (내가 이 활동을 해야만 하는 이유)	
활동장소	
봉사활동 내용 (목적 성취를 위해 수행해야 할 구체적인 내용과 과제)	
준비사항	
유의사항	

위와 같이 봉사활동을 하고자 계획서를 제출합니다.

20 년 월 일

성명: ________________(서명)

(18회) 교육봉사활동 보고서

인적사항	대학교 학과 학년 이름:
활동일시	20 년 월 일 시 ~ 시 예정시간(시간)
활동명	
활동목적	
활동동기 (내가 이 활동을 해야만 하는 이유)	
활동장소	

봉사활동 내용 (목적 성취를 위해 수행한 구체적인 내용과 과제)	
관련 사진	

새로 알게 된 사실이나 인상 깊었던 점, 느낀 점 (효율적 교사의 시사점)	
자기성찰	
동료평가, 멘토링	
전문가 코칭	
위와 같이 교육봉사활동 보고서를 제출합니다. 20 년 월 일 성명: ______________(서명)	
위와 같이 교육봉사활동을 실시하였습니다. 20 년 월 일 기관명: 확인자 __________________ 성명 ______________(서명)	

(19회) 교육봉사활동 계획서

구체적인 목표는 구체적인 결과를 가져온다.
막연한 목표는 아무런 결과도 가져오지 않는다.

인적사항	대학교 학과 학년 이름:
활동일시	20 년 월 일 시 ~ 시 예정시간(시간)
활동명	
활동목적	
활동동기 (내가 이 활동을 해야만 하는 이유)	
활동장소	
봉사활동 내용 (목적 성취를 위해 수행해야 할 구체적인 내용과 과제)	
준비사항	
유의사항	

위와 같이 봉사활동을 하고자 계획서를 제출합니다.

20 년 월 일

성명: ________________(서명)

(19회) 교육봉사활동 보고서

인적사항	대학교 학과 학년 이름:
활동일시	20 년 월 일 시 ~ 시 예정시간(시간)
활동명	
활동목적	
활동동기 (내가 이 활동을 해야만 하는 이유)	
활동장소	

봉사활동 내용 (목적 성취를 위해 수행한 구체적인 내용과 과제)	
관련 사진	

새로 알게 된 사실이나 인상 깊었던 점, 느낀 점 (효율적 교사의 시사점)	
자기성찰	
동료평가, 멘토링	
전문가 코칭	

위와 같이 교육봉사활동 보고서를 제출합니다.

20 년 월 일

성명: ______________(서명)

위와 같이 교육봉사활동을 실시하였습니다.

20 년 월 일

기관명: 확인자 __________________ 성명 ______________(서명)

(20회) 교육봉사활동 계획서

구체적인 목표는 구체적인 결과를 가져온다.
막연한 목표는 아무런 결과도 가져오지 않는다.

인적사항	대학교 학과 학년 이름:
활동일시	20 년 월 일 시 ~ 시 예정시간(시간)
활동명	
활동목적	
활동동기 (내가 이 활동을 해야만 하는 이유)	
활동장소	
봉사활동 내용 (목적 성취를 위해 수행해야 할 구체적인 내용과 과제)	
준비사항	
유의사항	

위와 같이 봉사활동을 하고자 계획서를 제출합니다.

20 년 월 일

성명: ________________(서명)

(20회) 교육봉사활동 보고서

인적사항	대학교 학과 학년 이름:
활동일시	20 년 월 일 시 ~ 시 예정시간(시간)
활동명	
활동목적	
활동동기 (내가 이 활동을 해야만 하는 이유)	
활동장소	

봉사활동 내용 (목적 성취를 위해 수행한 구체적인 내용과 과제)	
관련 사진	

<table>
<tr><td>새로 알게 된
사실이나
인상 깊었던 점,
느낀 점
(효율적 교사의
시사점)</td><td></td></tr>
<tr><td>자기성찰</td><td></td></tr>
<tr><td>동료평가,
멘토링</td><td></td></tr>
<tr><td>전문가 코칭</td><td></td></tr>
<tr><td colspan="2">위와 같이 교육봉사활동 보고서를 제출합니다.

20　　　년　　　월　　　일

성명: ____________(서명)</td></tr>
<tr><td colspan="2">위와 같이 교육봉사활동을 실시하였습니다.

20　　　년　　　월　　　일

기관명: 확인자 ________________　성명 ____________(서명)</td></tr>
</table>

(21회) 교육봉사활동 계획서

구체적인 목표는 구체적인 결과를 가져온다.
막연한 목표는 아무런 결과도 가져오지 않는다.

인적사항	대학교 학과 학년 이름:
활동일시	20 년 월 일 시 ~ 시 예정시간(시간)
활동명	
활동목적	
활동동기 (내가 이 활동을 해야만 하는 이유)	
활동장소	
봉사활동 내용 (목적 성취를 위해 수행해야 할 구체적인 내용과 과제)	
준비사항	
유의사항	

위와 같이 봉사활동을 하고자 계획서를 제출합니다.

20 년 월 일

성명: ________________(서명)

(21회) 교육봉사활동 보고서

인적사항	대학교　　　　학과　　　　학년　　이름:
활동일시	20　　년　　월　　일　　시 ~　　　시　예정시간(　　　　시간)
활동명	
활동목적	
활동동기 (내가 이 활동을 해야만 하는 이유)	
활동장소	

봉사활동 내용 (목적 성취를 위해 수행한 구체적인 내용과 과제)	
관련 사진	

새로 알게 된 사실이나 인상 깊었던 점, 느낀 점 (효율적 교사의 시사점)	
자기성찰	
동료평가, 멘토링	
전문가 코칭	

위와 같이 교육봉사활동 보고서를 제출합니다.

20　　　년　　　월　　　일

성명: ______________(서명)

위와 같이 교육봉사활동을 실시하였습니다.

20　　　년　　　월　　　일

기관명: 확인자 __________________ 성명 ______________(서명)

(22회) 교육봉사활동 계획서

구체적인 목표는 구체적인 결과를 가져온다.
막연한 목표는 아무런 결과도 가져오지 않는다.

인적사항	대학교 학과 학년 이름:
활동일시	20 년 월 일 시 ~ 시 예정시간(시간)
활동명	
활동목적	
활동동기 (내가 이 활동을 해야만 하는 이유)	
활동장소	
봉사활동 내용 (목적 성취를 위해 수행해야 할 구체적인 내용과 과제)	
준비사항	
유의사항	

위와 같이 봉사활동을 하고자 계획서를 제출합니다.

20 년 월 일

성명: ________________(서명)

(22회) 교육봉사활동 보고서

인적사항	대학교 학과 학년 이름:
활동일시	20 년 월 일 시 ~ 시 예정시간(시간)
활동명	
활동목적	
활동동기 (내가 이 활동을 해야만 하는 이유)	
활동장소	

봉사활동 내용 (목적 성취를 위해 수행한 구체적인 내용과 과제)	
관련 사진	

새로 알게 된 사실이나 인상 깊었던 점, 느낀 점 (효율적 교사의 시사점)	
자기성찰	
동료평가, 멘토링	
전문가 코칭	

위와 같이 교육봉사활동 보고서를 제출합니다.

20 　　년 　　월 　　일

성명: ________________(서명)

위와 같이 교육봉사활동을 실시하였습니다.

20 　　년 　　월 　　일

기관명: 확인자 ____________________ 　성명 ________________(서명)

(23회) 교육봉사활동 계획서

구체적인 목표는 구체적인 결과를 가져온다.
막연한 목표는 아무런 결과도 가져오지 않는다.

인적사항	대학교 학과 학년 이름:
활동일시	20 년 월 일 시 ~ 시 예정시간(시간)
활동명	
활동목적	
활동동기 (내가 이 활동을 해야만 하는 이유)	
활동장소	
봉사활동 내용 (목적 성취를 위해 수행해야 할 구체적인 내용과 과제)	
준비사항	
유의사항	

위와 같이 봉사활동을 하고자 계획서를 제출합니다.

20 년 월 일

성명: ________________(서명)

(23회) 교육봉사활동 보고서

인적사항	대학교 학과 학년 이름:
활동일시	20 년 월 일 시 ~ 시 예정시간(시간)
활동명	
활동목적	
활동동기 (내가 이 활동을 해야만 하는 이유)	
활동장소	

봉사활동 내용 (목적 성취를 위해 수행한 구체적인 내용과 과제)	
관련 사진	

<table>
<tr><td>새로 알게 된
사실이나
인상 깊었던 점,
느낀 점
(효율적 교사의
시사점)</td><td></td></tr>
<tr><td>자기성찰</td><td></td></tr>
<tr><td>동료평가,
멘토링</td><td></td></tr>
<tr><td>전문가 코칭</td><td></td></tr>
<tr><td colspan="2">위와 같이 교육봉사활동 보고서를 제출합니다.

20　　년　　월　　일

성명: ________________(서명)</td></tr>
<tr><td colspan="2">위와 같이 교육봉사활동을 실시하였습니다.

20　　년　　월　　일

기관명: 확인자 ____________________　성명 _______________(서명)</td></tr>
</table>

(24회) 교육봉사활동 계획서

구체적인 목표는 구체적인 결과를 가져온다.
막연한 목표는 아무런 결과도 가져오지 않는다.

인적사항	대학교 학과 학년 이름:
활동일시	20 년 월 일 시 ~ 시 예정시간(시간)
활동명	
활동목적	
활동동기 (내가 이 활동을 해야만 하는 이유)	
활동장소	
봉사활동 내용 (목적 성취를 위해 수행해야 할 구체적인 내용과 과제)	
준비사항	
유의사항	

위와 같이 봉사활동을 하고자 계획서를 제출합니다.

20 년 월 일

성명: ________________(서명)

(24회) 교육봉사활동 보고서

인적사항	대학교 학과 학년 이름:
활동일시	20 년 월 일 시 ~ 시 예정시간(시간)
활동명	
활동목적	
활동동기 (내가 이 활동을 해야만 하는 이유)	
활동장소	

봉사활동 내용 (목적 성취를 위해 수행한 구체적인 내용과 과제)	
관련 사진	

<table>
<tr><td>새로 알게 된
사실이나
인상 깊었던 점,
느낀 점
(효율적 교사의
시사점)</td><td></td></tr>
<tr><td>자기성찰</td><td></td></tr>
<tr><td>동료평가,
멘토링</td><td></td></tr>
<tr><td>전문가 코칭</td><td></td></tr>
<tr><td colspan="2">위와 같이 교육봉사활동 보고서를 제출합니다.

20 년 월 일

성명: ________________(서명)</td></tr>
<tr><td colspan="2">위와 같이 교육봉사활동을 실시하였습니다.

20 년 월 일

기관명: 확인자 ____________________ 성명 ________________(서명)</td></tr>
</table>

(25회) 교육봉사활동 계획서

구체적인 목표는 구체적인 결과를 가져온다.
막연한 목표는 아무런 결과도 가져오지 않는다.

인적사항	대학교 학과 학년 이름:
활동일시	20 년 월 일 시 ~ 시 예정시간(시간)
활동명	
활동목적	
활동동기 (내가 이 활동을 해야만 하는 이유)	
활동장소	
봉사활동 내용 (목적 성취를 위해 수행해야 할 구체적인 내용과 과제)	
준비사항	
유의사항	

위와 같이 봉사활동을 하고자 계획서를 제출합니다.

20 년 월 일

성명: ________________(서명)

(25회) 교육봉사활동 보고서

인적사항	대학교 학과 학년 이름:
활동일시	20 년 월 일 시 ~ 시 예정시간(시간)
활동명	
활동목적	
활동동기 (내가 이 활동을 해야만 하는 이유)	
활동장소	

봉사활동 내용 (목적 성취를 위해 수행한 구체적인 내용과 과제)	
관련 사진	

새로 알게 된 사실이나 인상 깊었던 점, 느낀 점 (효율적 교사의 시사점)	
자기성찰	
동료평가, 멘토링	
전문가 코칭	

위와 같이 교육봉사활동 보고서를 제출합니다.

20 년 월 일

성명: _______________(서명)

위와 같이 교육봉사활동을 실시하였습니다.

20 년 월 일

기관명: 확인자 ____________________ 성명 _______________(서명)

(26회) 교육봉사활동 계획서

구체적인 목표는 구체적인 결과를 가져온다.
막연한 목표는 아무런 결과도 가져오지 않는다.

인적사항	대학교 학과 학년 이름:
활동일시	20 년 월 일 시 ~ 시 예정시간(시간)
활동명	
활동목적	
활동동기 (내가 이 활동을 해야만 하는 이유)	
활동장소	
봉사활동 내용 (목적 성취를 위해 수행해야 할 구체적인 내용과 과제)	
준비사항	
유의사항	

위와 같이 봉사활동을 하고자 계획서를 제출합니다.

20 년 월 일

성명: ______________(서명)

(26회) 교육봉사활동 보고서

인적사항	대학교 학과 학년 이름:
활동일시	20 년 월 일 시 ~ 시 예정시간(시간)
활동명	
활동목적	
활동동기 (내가 이 활동을 해야만 하는 이유)	
활동장소	

봉사활동 내용 (목적 성취를 위해 수행한 구체적인 내용과 과제)	
관련 사진	

<table>
<tr><td>새로 알게 된
사실이나
인상 깊었던 점,
느낀 점
(효율적 교사의
시사점)</td><td></td></tr>
<tr><td>자기성찰</td><td></td></tr>
<tr><td>동료평가,
멘토링</td><td></td></tr>
<tr><td>전문가 코칭</td><td></td></tr>
<tr><td colspan="2">위와 같이 교육봉사활동 보고서를 제출합니다.

20 년 월 일

성명: ______________(서명)</td></tr>
<tr><td colspan="2">위와 같이 교육봉사활동을 실시하였습니다.

20 년 월 일

기관명: 확인자 __________________ 성명 ______________(서명)</td></tr>
</table>

(27회) 교육봉사활동 계획서

구체적인 목표는 구체적인 결과를 가져온다.
막연한 목표는 아무런 결과도 가져오지 않는다.

인적사항	대학교 학과 학년 이름:
활동일시	20 년 월 일 시 ~ 시 예정시간(시간)
활동명	
활동목적	
활동동기 (내가 이 활동을 해야만 하는 이유)	
활동장소	
봉사활동 내용 (목적 성취를 위해 수행해야 할 구체적인 내용과 과제)	
준비사항	
유의사항	

위와 같이 봉사활동을 하고자 계획서를 제출합니다.

20 년 월 일

성명: ________________(서명)

(27회) 교육봉사활동 보고서

인적사항	대학교 학과 학년 이름:
활동일시	20 년 월 일 시 ~ 시 예정시간(시간)
활동명	
활동목적	
활동동기 (내가 이 활동을 해야만 하는 이유)	
활동장소	

봉사활동 내용 (목적 성취를 위해 수행한 구체적인 내용과 과제)	
관련 사진	

새로 알게 된 사실이나 인상 깊었던 점, 느낀 점 (효율적 교사의 시사점)	
자기성찰	
동료평가, 멘토링	
전문가 코칭	
위와 같이 교육봉사활동 보고서를 제출합니다. 20 년 월 일 성명: ______________(서명)	
위와 같이 교육봉사활동을 실시하였습니다. 20 년 월 일 기관명: 확인자 __________________ 성명 ______________(서명)	

(28회) 교육봉사활동 계획서

구체적인 목표는 구체적인 결과를 가져온다.
막연한 목표는 아무런 결과도 가져오지 않는다.

인적사항	대학교 학과 학년 이름:
활동일시	20 년 월 일 시 ~ 시 예정시간(시간)
활동명	
활동목적	
활동동기 (내가 이 활동을 해야만 하는 이유)	
활동장소	
봉사활동 내용 (목적 성취를 위해 수행해야 할 구체적인 내용과 과제)	
준비사항	
유의사항	

위와 같이 봉사활동을 하고자 계획서를 제출합니다.

20 년 월 일

성명: ________________(서명)

(28회) 교육봉사활동 보고서

인적사항	대학교 학과 학년 이름:
활동일시	20 년 월 일 시 ~ 시 예정시간(시간)
활동명	
활동목적	
활동동기 (내가 이 활동을 해야만 하는 이유)	
활동장소	

봉사활동 내용 (목적 성취를 위해 수행한 구체적인 내용과 과제)	
관련 사진	

<table>
<tr><td>새로 알게 된
사실이나
인상 깊었던 점,
느낀 점
(효율적 교사의
시사점)</td><td></td></tr>
<tr><td>자기성찰</td><td></td></tr>
<tr><td>동료평가,
멘토링</td><td></td></tr>
<tr><td>전문가 코칭</td><td></td></tr>
<tr><td colspan="2">위와 같이 교육봉사활동 보고서를 제출합니다.

20 년 월 일

성명: ______________(서명)</td></tr>
<tr><td colspan="2">위와 같이 교육봉사활동을 실시하였습니다.

20 년 월 일

기관명: 확인자 __________________ 성명 ______________(서명)</td></tr>
</table>

(29회) 교육봉사활동 계획서

구체적인 목표는 구체적인 결과를 가져온다.
막연한 목표는 아무런 결과도 가져오지 않는다.

인적사항	대학교 학과 학년 이름:
활동일시	20 년 월 일 시 ~ 시 예정시간(시간)
활동명	
활동목적	
활동동기 (내가 이 활동을 해야만 하는 이유)	
활동장소	
봉사활동 내용 (목적 성취를 위해 수행해야 할 구체적인 내용과 과제)	
준비사항	
유의사항	

위와 같이 봉사활동을 하고자 계획서를 제출합니다.

20 년 월 일

성명: ________________(서명)

(29회) 교육봉사활동 보고서

인적사항	대학교 학과 학년 이름:
활동일시	20 년 월 일 시 ~ 시 예정시간(시간)
활동명	
활동목적	
활동동기 (내가 이 활동을 해야만 하는 이유)	
활동장소	

봉사활동 내용 (목적 성취를 위해 수행한 구체적인 내용과 과제)	
관련 사진	

새로 알게 된 사실이나 인상 깊었던 점, 느낀 점 (효율적 교사의 시사점)	
자기성찰	
동료평가, 멘토링	
전문가 코칭	

위와 같이 교육봉사활동 보고서를 제출합니다.

20　　년　　월　　일

성명: ______________(서명)

위와 같이 교육봉사활동을 실시하였습니다.

20　　년　　월　　일

기관명: 확인자 ______________　성명 ______________(서명)

(30회) 교육봉사활동 계획서

구체적인 목표는 구체적인 결과를 가져온다.
막연한 목표는 아무런 결과도 가져오지 않는다.

인적사항	대학교 학과 학년 이름:
활동일시	20 년 월 일 시 ~ 시 예정시간(시간)
활동명	
활동목적	
활동동기 (내가 이 활동을 해야만 하는 이유)	
활동장소	
봉사활동 내용 (목적 성취를 위해 수행해야 할 구체적인 내용과 과제)	
준비사항	
유의사항	

위와 같이 봉사활동을 하고자 계획서를 제출합니다.

20 년 월 일

성명: ________________(서명)

(30회) 교육봉사활동 보고서

인적사항	대학교 학과 학년 이름:
활동일시	20 년 월 일 시 ~ 시 예정시간(시간)
활동명	
활동목적	
활동동기 (내가 이 활동을 해야만 하는 이유)	
활동장소	

봉사활동 내용 (목적 성취를 위해 수행한 구체적인 내용과 과제)	
관련 사진	

새로 알게 된 사실이나 인상 깊었던 점, 느낀 점 (효율적 교사의 시사점)	
자기성찰	
동료평가, 멘토링	
전문가 코칭	

위와 같이 교육봉사활동 보고서를 제출합니다.

20　　년　　월　　일

성명: ______________(서명)

위와 같이 교육봉사활동을 실시하였습니다.

20　　년　　월　　일

기관명: 확인자 __________________　성명 ______________(서명)

MEMO

저자 소개

손충기

공주사범대학 교육학과 졸업
서울대학교 대학원 교육학석사
인하대학교 대학원 교육학박사
한국행동과학연구소 사회개발연구부 · 검사개발연구부 · 학습개발연구부장 역임
(현) 원광대학교 교육학과 교수

〈저서 및 역서〉
교육학개론(공저)
교육과정과 교육평가
교육연구방법론
내가하는 통계분석 SPSS(Dos에서 WINDOWS 18.0까지)(공저)
교사를 위한 통계학: 현장연구의 통계적 방법(공저)
교육과정 개발과 설계(공역)

〈논문〉
학습부진아의 정의적 행동특성의 판별분석
교사의 수업행동 진단척도 개발과 그 타당화 연구
선(명상) 학습경험이 대학생의 자아실현도, 성격, 불안성향의 변화에 미치는 영향
대학교수 수업에 대한 학생평가의 타당성 연구
중등학교 교사의 수업에 대한 학생평가의 타당성 연구
대학교수의 교수개발 프로그램 개발과 그 효과 검증 연구
교직윤리관 확립을 위한 프로그램과 그 효과

〈저작권〉
TPS(Teaching Portfolio System)
e-mail: sck@wonkwang.ac.kr

박정환

원광대학교 사범대학 교육학과 졸업
원광대학교 대학원 교육학석사
한국교원대학교 대학원 교육학박사
(현) 제주대학교 교육학과 교수

〈저서〉
내가하는 통계분석 SPSS(Dos에서 WINDOWS 18.0까지)(공저)
교육방법 및 교육공학(공저)

〈논문〉
논술형 문항 채점결과의 채점자간 일치도에 관한 연구
PBL(Problem-Based Learning)이 학습자의 메타인지 수준에 따라 문제해결 과정에 미치는 효과 (공동)

하이퍼텍스트 유형과 자기주도성이 학업성취에 미치는 효과(공동)
〈저작권〉
TPS(Teaching Portfolio System)
e-mail: pjw2620@chol.com

문창배

제주대학교 사범대학 상업교육과 졸업
제주대학교 교육대학원 교육학석사(컴퓨터교육전공)
제주대학교 대학원 교육학박사
중등학교 교사 역임
(현) 제주특별자치도의회 교육정책자문위원, 제주대학교 교육학과 강사
〈저서〉
전자상거래일반(서울특별시 교육청 인정도서, 공저)
정보통신일반(서울특별시 교육청 인정도서, 공저)
웹프로그래밍(서울특별시 교육청 인정도서, 공저)
내가하는 통계분석 SPSS(Dos에서 WINDOWS 18.0까지)(공저)
〈논문〉
통섭적 커뮤니케이션기반 u-티칭 포트폴리오 시스템 개발
교사 · 학생간의 상호작용을 고려한 개방형상벌점관리시스템
교육주체간 상호작용을 고려한 구성주의 기반 학급운영시스템
수업 행동 분석 포트폴리오 시스템을 경험한 교수자의 행동 변화가 주는 의미는 의미
u-Campus 환경에서 교수능력(teaching skill) 향상을 위한 교수평가시스템 설계 및 개발
〈저작권〉
MDMS(Merit & Demerit Management System)
E-Class(Class Management System)
TPS(Teaching Portfolio System)
e-mail: theleader@hanmail.net

오창홍

한국방송통신대학교 농학과, 법학과 졸업
동국대학교 행정대학원 공안행정학과 석사
제주대학교 대학원 교육학과 박사과정 재학(상담심리전공)
육군보병학교, 육군교육사령부, 제주도교육청, 탐라교육원, 서귀포학생문화원 근무
(현) 사)제주예절원 원장, 제주대학교 교육학과 강사
〈저서〉
꽃보다 아름다운 삶(공저)
당신을 축복합니다(공저)
〈논문〉
학생범죄에 관한 연구
원예치료프로그램이 제주도요양시설 노인의 우울에 미치는 영향
e-mail: changhong505@hanmail.net

훌륭한 교사를 위한

교육봉사

2012년 3월 20일 1판 1쇄 발행
2013년 9월 25일 3판 2쇄 발행

지은이 • 손충기 박정환 문창배 오창홍

펴낸이 • 김 진 환

펴낸곳 • (주) 학지사

121-837 서울시 마포구 서교동 352-29 마인드월드빌딩 5층

대표전화 • 02) 330-5114 팩스 • 02) 324-2345

등록번호 • 제313-2006-000265호

홈페이지 • http://www.hakjisa.co.kr
커뮤니티 • http://cafe.naver.com/hakjisa

ISBN 978-89-6330-875-3 93370

정가 **13,000**원

저자와의 협약으로 인지는 생략합니다.
파본은 구입처에서 교환하여 드립니다.